DER SPARFOCHS

FRANK OCHSE

WIE SIE GELD UND ÄRGER SPAREN

Ullstein

Besuchen Sie uns im Internet:
www.ullstein-buchverlage.de

Originalausgabe im Ullstein Taschenbuch
1. Auflage Januar 2020
© Ullstein Buchverlage GmbH, Berlin 2020
Icons: © BILD Infografik
Umschlaggestaltung: zero-media.net, München
Titelabbildung: Jens Koch/Autorenfoto
Satz: KompetenzCenter, Mönchengladbach
Gesetzt aus der Berkeley Oldstyle Book
Druck und Bindearbeiten: CPI books GmbH, Leck
ISBN 978-3-548-06159-7

Das Buch

Die beliebte Sparfochs-Kolumne in der BILD-Zeitung und
auf BILD.de gibt fast täglich wertvolle Tipps aus allen Bereichen des Lebens: Bei welchem Anbieter kann man Strom
und Gas sparen? Wo erhält man günstigere Verträge? Wo
finde ich gute und günstige Handwerker im Internet? Was
sind die besten Schnäppchentage im Jahr? Darüber hinaus
warnt der BILD-Sparfochs vor Verkaufstricks, Mogelpa-
ckungen und falschen Versprechungen. Woche für Woche.
Und jetzt in diesem Buch. Erfahren Sie, wie man bis zu
3.500 Euro pro Jahr sparen kann!

Der Autor

Frank Ochse ist Ressortleiter bei BILD. Seine Kolumne *Der
Sparfochs* erscheint regelmäßig in der Zeitung sowie im Internet und erfreut sich großer Beliebtheit.

Inhalt

Reise

Finanzen

Haushalt/Wohnen

Alltag

Auto/Verkehr

Vorwort

Dieses Buch beginnt mit einem Versprechen: Das Geld, das Sie für dieses Druckwerk ausgegeben haben, haben Sie schon bald ganz locker wieder drin. Und zwar nicht nur doppelt und dreifach, sondern hundertfach. Das heißt, Sie lesen dieses Buch nicht nur kostenlos, sondern machen sogar Gewinn damit. Ein Buch als Gratis-Geldanlage – wo gibt's das heute schon?

Jetzt werden Sie sich fragen: Nimmt der Autor den Mund da nicht etwas zu voll?

Daher wird es Zeit, mich vorzustellen. Mein Name ist Frank Ochse, Baujahr 1970, gebürtiger Hamburger, jetzt Wahl-Berliner. Ich bin Journalist mit Haut und Haaren. Seit Dezember 2016 schreibe ich für BILD die Spar-Kolumne »Der Sparfochs« – die erste Kolumne, die Ihnen Geld, Zeit und Ärger erspart. Der »tierische« Name erklärt sich von selbst, oder? Ochs, Fochs, Fuchs – Sparfochs.

Der Name SPARFOCHS fiel mir unter der Dusche ein. Diese Kolumne musste sein. Und nicht, weil mich mein Chefredakteur dazu gezwungen hat. Nein, weil Sie, liebe Leser, es verdient haben, zu sparen – und zwar nicht nur

Geld, sondern auch Zeit und Ärger. Denn das Leben ist schon teuer und kompliziert genug.

Und überall lauern Abzocker, die Ihnen das Geld aus der Tasche ziehen wollen. Oft sind die Tricks übrigens nicht mal verboten – doppelt fies, wenn man darauf reinfällt. Denn man kann nichts gegen die legalen Gauner machen. Was mich besonders wütend macht: Vor allem Menschen, die sich nicht so gut auskennen, werden immer wieder Opfer – gutgläubige Senioren oder herzensgute Menschen ohne Erfahrung mit Tricksern.

Aber jetzt ist Schluss damit! Sie haben einen Helfer verdient, der sich Betrügern, Abzockern und dubiosen Geschäftemachern in den Weg stellt. Und sich dabei auf die Power von Europas größter Medienmarke stützen kann. Ich entlarve die Tricks und entzaubere die miesen Maschen.

Und ich schreibe aus eigener Erfahrung. Ich bin kein Geizkragen – aber Sparen motiviert und beflügelt mich. Und es ärgert mich, wenn Geld sinnlos verpulvert wird und in den Taschen skrupelloser Geschäftemacher landet. Ich kaufe nicht bei KiK, Takko oder RENO, sondern da, wo es Markenware günstig gibt: im Internet oder im Outletcenter. Auch der Sale im Geschäft ist oft nicht schlecht. Warum Konzernen das Geld in den Rachen werfen, wenn es gar nicht sein muss?

Aber wie läuft es im Alltag? Im Fast-Food-Restaurant kaufen Sie einen Burger zum Normalpreis – und der Kunde nach

Ihnen kriegt zwei zum Preis von einem. Der Bankberater empfiehlt Ihnen oft nur Anlagemöglichkeiten, für die er oder sein Arbeitgeber die meiste Provision kriegt. Und an Plakatwänden lesen wir von angeblichen Sonderangeboten, die in Wahrheit gar keine sind.

Schluss damit! Sie haben ein Recht auf beste Preise ohne Tricks. Und dafür kämpfe ich.

Und das alles extrem neutral. Ich lasse mich nicht von Werbetreibenden oder PR-Agenturen beeinflussen – auch wenn die oft bei mir auf der Matte stehen. Ich bin unbestechlich und nur der Wahrheit verpflichtet.

Ich spreche viel mit Insidern, Experten und Opfern. Was können wir lernen, damit wir nicht reingelegt werden? Daraus entstanden unter anderem zwei BILD-Serien: eine über Abzocker im täglichen Leben, die andere über Kaffeefahrten. Ja, die gibt es immer noch. Und noch immer fallen Mitfahrer auf die miesen Tricks der Verkäufer rein.

Bis Sommer 2019 war ich Einzelkämpfer bei BILD. Mittlerweile gibt es ein SPARFOCHS-Ressort, das ich führen darf. Jetzt bin ich noch stärker – mit den Kollegen von »BILD kämpft für Sie!« und dem direkten Draht zu Ihnen, liebe Leser.

In diesem Buch fassen wir die wichtigsten Stücke aus der Kolumne zusammen – neu geschnitten und auf den neuesten Stand gebracht. Auf viele Themen haben mich Leser gebracht, die mir eine E-Mail an sparfochs@bild.de gesendet haben. Machen auch Sie davon Gebrauch.

Ich habe auch tolles Feedback erhalten. Von Menschen, denen ich ganz unkompliziert helfen konnte. Entweder, weil ich mich bei Firmen für sie starkgemacht habe, oder weil ich ihnen entscheidende Tipps für ihr Geld gegeben habe.

Ich wünsche Ihnen viel Spaß und gute Erkenntnisse mit diesem Buch. Am Ende werden Sie mir recht geben: Den Kaufpreis haben Sie locker wieder raus. Und so gehört sich das auch für ein Buch, auf dem »Sparfochs« und »BILD« draufstehen …

PS: Redaktionsschluss für das Buch war im September 2019. Alle Artikel sind mit größter Sorgfalt entstanden. Aber wir wissen: Die Geld-Welt dreht sich weiter. Für Aktualisierungen oder neue Informationen bietet BILD einen besonderen Service:

Auf der Internetseite *www.bild.de/sparfochs-buch* finden Sie alles, was Sie zusätzlich wissen sollten.

Tippen Sie die Website im Browser ein, oder scannen Sie mit dem Smartphone diesen QR-Code.

Wie Sie mit diesem Buch 3.500 Euro sparen können

Vorn auf dem Titel steht »Dieses Buch ist 3.500 Euro wert«. Wie komme ich darauf? Wenn Sie dieses Buch ganz durchlesen, werden Sie es wissen.

Denn ich zeige in jedem Kapitel Sparpotenzial auf. Ein Handy gebraucht im Zustand WIE NEU zu kaufen, spart Ihnen bei Mittelklassegeräten im Vergleich zum Neupreis 40 bis 50 Euro, bei Topgeräten sogar 60 bis 120 Euro.

Wechseln Sie vom Grundversorger-Tarif des Stromanbieters in einen Spar-Tarif, können Sie laut unabhängigen Berechnungen bis zu 720 Euro im Jahr sparen, beim Gas-Tarif sind es sogar bis zu 750 Euro pro Jahr.

Ich werbe auch dafür, dass Sie überflüssige Versicherungen kündigen. Da hätten wir zum Beispiel die Sterbeversicherung mit Beiträgen um die 10 Euro im Monat – macht allein in diesem Fall 120 Euro im Jahr. Bei fünf Jahren Laufzeit sind wir schon bei 600 Euro.

Eines meiner Lieblingsthemen ist »to go«: Essen und Trinken auf dem Weg zur Arbeit, auf Reisen, mal eben zwischendurch. Der feine Latte macchiato aus dem Pappbecher, das frisch belegte Sandwich aus der Bäckerei-Kette, die Pizza im Vorbeigehen. Ich habe mal die Kosten addiert. Mache ich das fünfmal die Woche, habe ich mehr als 100 Euro ausgegeben. Für ein Jahr komme ich, wie man weiter unten nachlesen kann, auf sage und schreibe 3.800 Euro pro Jahr nur für To-go-Sachen. Auweia! Ich bin mir sicher: Die Hälfte dieser 3.800 Euro sind To-go-Aufpreis. 1.900 Euro ließen sich sparen!

Oder das Dauerthema Handyvertrag: Niemand muss eine monatliche Grundgebühr von 60 Euro und mehr bezahlen. Annähernd gleiche Leistungen kriegen Sie auch für die Hälfte – und haben 360 Euro im Jahr gespart! Dasselbe gilt für den DSL-Vertrag: Mindestens 120 Euro weniger im Jahr sind auch da drin.

Allein bei dieser Aufzählung lande ich bei rund 4.000 Euro Sparpotenzial. Und 70 Prozent der Themen in diesem Buch habe ich noch gar nicht erwähnt.

Sie sehen: Die 3.500 Euro im Titel sind sogar noch niedrig angesetzt.

Warum Sparen so einfach ist

Bevor wir in die Kapitel mit den konkreten Spartipps einsteigen, ein paar wenige Zahlen. Wie sparen die Deutschen? Das eindeutige Ergebnis einer Nielsen-Studie: Sonderangebote sind für 65 Prozent der Verbraucher wichtig. Und außer Geld wollen viele auch Zeit sparen: Immerhin 59 Prozent der Kunden kaufen am liebsten dort, wo sie ihren Einkaufszettel rasch abarbeiten können und alles bekommen.

Nicht jeder ist von der Mentalität her zur Sparsamkeit geboren. Aber das ist auch gar nicht nötig. Ein wenig Interesse reicht schon. Ich versichere Ihnen: Sparen ist ganz einfach – und es macht Spaß. Sparen tut niemandem weh. Wenn sich Konzerne Preiskriege liefern, kann ich doch davon nur profitieren. Und was ist mit der Umwelt, wenn alles immer günstiger produziert wird? Das muss jeder mit sich selbst ausmachen – genauso wie das Thema Ausbeutung. Wenn Ihnen diese Dinge wichtig sind, informieren Sie sich über die Gründe, aus denen etwas sehr günstig ist, und entscheiden Sie dann. Aber wenn ein Konzern ein paar Euro weniger Gewinn macht, weil Sie geschickt ein Schnäppchen nutzen, dann muss niemand ein schlechtes Gewissen haben.

Ich sage: Sparen ist sogar gesund, weil Erfolgserlebnisse gut für die Seele sind. Ein Schnäppchen zu machen löst die Ausschüttung von Glückshormonen aus. Es ist ein kleiner Triumph, der den Alltag versüßt.

Schon mit diesem einfachen Gedanken sind Sie im positiven Sparmodus. Sagen Sie sich so oft wie möglich: »Das geht doch bestimmt auch günstiger.«

Und hier ein paar einfache Handwerkszeuge zum Merken:

Preisvergleichsportale im Internet gibt es für nahezu alle Produkte – zum Beispiel *Idealo.de* (gehört wie BILD zur Axel Springer SE). Speziell für Flüge gibt es zum Beispiel *Swoodoo.de* und *Momondo.de*, für Unterkünfte und Hotels zum Beispiel *Trivago.de*, für rezeptfreie Medikamente zum Beispiel *Medizinfuchs.de*.

Klar, Sie können auch bei **Google** suchen. Da finden Sie viele Angebote, aber nicht unbedingt die besten. Denn die meisten Händler zahlen dafür, dass sie oben gelistet sind. Weil jeder weiß: Auf die 4. oder 5. Seite der Suchergebnisse geht niemand. Wer oben steht, hat also nicht unbedingt das beste Angebot, sondern nur am meisten bezahlt.

Auch gedruckte **Werbeprospekte** sind leider kein Garant fürs Sparen. Details lesen Sie in diesem Buch.

Ein altbewährtes Rezept ist das gute alte **Handeln**. Nur raus mit diesem Satz: »Gehen Sie beim Internetpreis mit?« Klappt nicht immer, aber immer öfter. Und wer nicht recherchieren will, fragt einen **Freund oder Bekannten**. Denn wie am Anfang erwähnt, sind wir ein Volk von Sparern.

Billig ist aber nicht alles! Ein Beispiel: Ich suche ein preisgünstiges Hotel. Ich könnte für schlappe 40 Euro die Nacht eins mit zwei Sternen bekommen. Grundsätzlich ein guter Deal, aber Sparen macht mir nur dann Megaspaß, wenn ich richtig Rabatt raushole. Also ein 4-Sterne-Hotel, das plötzlich von 100 auf 50 Euro reduziert ist. Das lässt den Sparfochs jubeln.

Warum ich lieber für ein wenig mehr Geld in einem höherklassigen Hotel schlafe? Und generell lieber auf höhere Qualität gehe und versuche, die so billig wie möglich zu bekommen, anstatt Abstriche bei der Qualität zu machen? Weil ich bei einem Premium-Produkt auch einen Premium-Service erwarten kann. Um beim Beispiel zu bleiben: Gibt es in einem 4-Sterne-Hotel Mängel, dann wird mir an der Rezeption geholfen. Beim 2-Sterne-Hotel eher nicht. Es ist ja nur eine Einfach-Unterkunft. So ist es auch bei Markenartikeln. Wenn ich ein Top-Produkt deutlich reduziert bekomme, wird der Service (Gewährleistung, Reparatur, Ersatz) trotzdem so sein, als hätte ich entsprechend der teuren »Unverbindlichen Preisempfehlung (UVP)« bezahlt.

Und jetzt: Auf geht's zum Sparen!

10 Psycho-Tricks zum Sparen! So einfach überlisten Sie Ihre Kauflust

Gute Recherche hilft, wenn klar ist, was ich warum brauche. Aber viel zu oft kaufen wir Dinge, die wir eigentlich überhaupt nicht brauchen. Damit verbrennen wir vermutlich das meiste Geld. Ich verrate Ihnen meine zehn besten Psycho-Tricks zum Dauer-Geldsparen!

▶ **Trick 1:** Alle Newsletter von Online-Händlern abbestellen – die verführen viel zu oft zum Kauf!

▶ **Trick 2:** Kommt die online bestellte Ware, frage ich mich nach drei Tagen kritisch: Verbessert diese Anschaffung mein Leben wirklich? Und hält die Begeisterung noch an? In 50 Prozent der Fälle lautet die Antwort: NEIN. Ich mache dann von meinem Widerrufsrecht Gebrauch und schicke alles wieder zurück.

▶ **Trick 3:** Den Preis eines Wunschartikels mal in Arbeitsstunden umrechnen. Beispiel: Für einen neuen Fernseher eine Woche lang arbeiten? Ist es mir das wert? Dann könnte das Thema schnell wieder vom Tisch sein.

▶ **Trick 4:** Mit Bargeld bezahlen! Psychologisch ist der »Schmerz« größer, wenn ich hart erarbeitete Geldscheine über den Tresen reiche anstatt meiner Kreditkarte. Ich sehe, wie das Portemonnaie immer leerer wird. Die Folge: Ich überlege mir dreimal, ob ich tatsächlich Geld ausgeben will.

▶ **Trick 5:** Nie hungrig durch den Supermarkt schlendern! Ich kaufe mit leerem Magen automatisch zirka 30 Prozent mehr.

▶ **Trick 6:** Rabatte nicht mit Sparen verwechseln. Mein Gehirn verleitet mich oft zu denken: Bei einer Jacke, die um 50 Prozent reduziert ist, mache ich irgendwie ja Gewinn, da ich die Hälfte des Preises nicht ausgebe. Ist natürlich Quatsch: Ich gebe mehr Geld aus, als wenn ich die Jacke einfach im Laden hängen lasse.

▶ **Trick 7:** Wer eine Gehaltserhöhung oder eine Prämie vom Chef kriegt, neigt dazu, auch mehr Geld für Kleinkram auszugeben und weniger intensiv nach günstigen Angeboten zu schauen – und so rinnt das zusätzliche Geld einem durch die Finger, ohne dass der Lebensstandard tatsächlich steigt. Schlauer ist es, das zusätzliche Einkommen per Überweisung oder Dauerauftrag auf ein Sparkonto einzuzahlen. Es gibt zwar momentan so gut wie keine Zinsen, aber man schafft sich auch so schnell ein Polster für größere Anschaffungen.

▶ **Trick 8:** Wenn Sie sich schon fragen: »Kann ich mir die neue Küche oder die Urlaubsreise überhaupt leisten?«, wird die Wahrheit fast immer diese sein: NEIN. Also Vorsicht bei größeren Ausgaben – vor allem, wenn Sie das Geld noch gar nicht zusammengespart haben. Hände weg von Krediten, die angeblich einen Traumurlaub oder ein teures Auto möglich machen. Die Raten zahlen Sie noch jahrelang.

▶ **Trick 9:** Wenn etwas kaputtgeht, schaue ich mir sofort YouTube-Videos an, damit ich mir selbst helfen kann. Ist oft viel einfacher als gedacht – und ich habe den Handwerker oder die bequeme Neuanschaffung gespart.

▶ **Trick 10:** Die ständige Verführung an Imbissbuden oder in Bäckereien. Es duftet verlockend, mein Gehirn sagt: Ich will das leckere Stück Pizza sofort! Dabei habe ich in Wahrheit gar keinen Hunger. Was hilft: schnell weitergehen. Und einen Schluck Wasser aus der mitgenommenen Flasche trinken gegen die Heißhungerattacke. Nach drei Minuten ist die Pizza (meist) vergessen!

Rechnen Sie mal: So teuer ist TO GO!

Es ist so wunderbar bequem: morgens einen Milchkaffee im Pappbecher und beim Bäcker ein, zwei leckere Brötchen für unterwegs holen. Mittags einen Salat mit Dessert plus Smoothie – alles schön zum Mitnehmen. Normaler Einkauf und Abwaschen nicht nötig, im Kühlschrank kann auch nichts verderben. Aber haben Sie mal ausgerechnet, was Sie dieser Luxus kostet? Sie kriegen einen Schreck!

Ich habe mal Preise notiert. Morgens bei der Bäckerkette Kamps in Berlin-Mitte: Das Baguette mit Kochschinken und Käse kostet 3,50 Euro, der Wrap mit Hähnchen auch. Dann gleich gegenüber zu Starbucks: Ich lege 3,99 Euro für einen mittleren Latte macchiato hin. Lecker, aber sauteuer! Macht 10,99 Euro für mein Frühstück to go.

Mittags der Einkauf bei Rewe: Der Himbeer-Smoothie für 3,99 Euro (die kleine Flasche ist im Verhältnis zu größeren viel teurer), die kleine Obstschale für 1,99, der Heidelbeerquark für 2,58 und der Fertigsalat für 2,99 Euro. Macht 11,55 Euro für ein spätes Mittagessen. Ich esse am Schreibtisch, bin anschließend pappsatt. War das wenigstens gesund? Ich hoffe es!

Ich zücke meinen Taschenrechner: Mache ich das fünfmal die Woche, habe ich mehr als 112 Euro ausgegeben. Ich tippe weiter: Bei 230 Arbeitstagen im Jahr, abzüglich Urlaub und – sagen wir mal – 30 Tagen ohne Appetit, komme ich auf Ausgaben für To-go-Sachen von über 3.800 Euro pro Jahr. Und die Hälfte davon sind sicher To-go-Aufpreis. 1.900 Euro aus Bequemlichkeit draufgezahlt – das sind zwei Urlaubsreisen! Weil ich zu faul bin, mir zum Beispiel werktags selbst Frühstück und einen Mittagsimbiss zu machen. Und wir werden in den Läden auch regelmäßig verführt: die appetitliche Auslage, die gelbliche Beleuchtung oder der To-go-Schummel – 120 Gramm geschnittene Käsewürfel gibt's für 1,30 Euro. 400 Gramm Käse im Stück (also mehr als dreimal so viel) kosten nur 2,70 Euro.

Was sind die Alternativen? Meine Kollegin Cordula verzichtete über ein Jahr lang auf belegte Brötchen vom Bäcker oder Salat zum Mitnehmen. Ergebnis: Rund 1.000 Euro gespart! Sie sagt: »Ich war überrascht, wie viel da zusammenkommt. Statt Brötchen zu kaufen, schmiere ich mir morgens Schnitten und schneide mir Gemüse-Sticks dazu.« Und man spart dazu noch ziemlich viel an Plastikverpackung ein.

Alles von zu Hause mitbringen? Nicht mein Ding. Verzichte ich aber auf To-go, zahle ich pro Tag etwa zwölf Euro für Frühstück (zu Hause) UND ein Mittagessen, zum Beispiel in einer Kantine. Und Kaffee gibt's im Büro gratis.

Und für die ganz Bequemen gibt es doch immerhin Schnäppchen! Wennschon Take-away: Der Latte macchiato bei Penny oder Lidl kostet oft 1 Euro, an meinem nächstgelegenen U-Bahnhof gibt's zwei einfache belegte Brötchen (lecker!) für insgesamt 2 Euro. Und Rewe hat auch Fertigsalat für einen Euro.

SHOPPING

Bloß nichts zu schnell wegwerfen: So lange halten Lebensmittel wirklich

Greifen Sie zu, wenn Ihr Supermarkt Lebensmittel, deren Mindesthaltbarkeitsdatum (MHD) fast erreicht oder leicht überschritten ist, zum reduzierten Preis anbietet? Nein? Können Sie aber mit ruhigem Gewissen tun. Ich habe über Wochen viele solcher Produkte getestet und massiv gespart. Marinierte Rindersteaks bei Aldi (30 % Rabatt), Burger, Milch, Aufschnitt bei Penny (minus 30 %) oder fertige Sandwiches, Salate und Eintopf bei Edeka (sogar 50 % gespart).

Mein Fazit nach dem Genuss: Bei Sofortverzehr beste Qualität und super Preise! Wie kann das sein? Sarah Häuser von *Foodwatch* erklärt: »Hersteller geben das Mindesthaltbarkeitsdatum möglichst kurz an, weil sie ja garantieren müssen, dass das Produkt bis zum MHD noch gut ist. Außerdem profitieren sie davon, wenn Kunden abgelaufene Lebensmittel direkt wegschmeißen und dann nachkaufen müssen.«

Ich glaube auch, dass viele Hersteller uns Verbraucher austricksen. Gerade Lebensmittel, die nicht gekühlt werden müssen, sind oft noch lange nach Erreichen des MHD bedenkenlos genießbar. Das bestätigt auch die Verbraucherzentrale Hamburg (siehe Tabelle). Ich habe im Jahr 2019 Konserven-Mais aus dem Vorratskeller probiert – seit 2010 abgelaufen. War noch einwandfrei genießbar. Kein Wunder: Es ist ja schließlich der Sinn von Konserven, Lebensmittel möglichst lange haltbar zu machen.

Wichtig: Wenn der Geschmack stimmt, ist fast immer alles okay.

Hier finden Sie eine Tabelle mit vielen Lebensmitteln, dem wahren Datum: Wie lange sind sie wirklich haltbar? Diese Angaben verraten uns Hersteller oft nicht. Außerdem enthält die Tabelle mögliche Anzeichen, dass man ein Produkt tatsächlich entsorgen sollte.

Lebensmittel von A bis Z	Wie lange haltbar nach dem Mindesthaltbarkeitsdatum?	Wann entsorgen?
Bier	Mindestens 12 Monate (dunkel und kühl lagern).	Bei Schimmelbildung entsorgen. Kleine Farb- oder Aromaveränderungen sind unbedenklich.
Brot, Brötchen	Mehrere Tage (dunkel und nicht im Kühlschrank lagern).	Bei Schimmelbildung entsorgen. Trockene Brotreste zu Semmelknödeln oder Croûtons verarbeiten.
Butter	Mehrere Monate bis Jahre (im Kühlschrank lagern).	Wenn ranzig: entsorgen.

Eier	Ca. 2 Wochen. Ausnahme: Bei Tiramisu und anderen Speisen mit rohen Eiern muss das MHD eingehalten werden.	Wasserglas-Test: Schwimmt das Ei oben, sollte es entsorgt werden.
Essig & Öl	Mindestens 6 Monate (dunkel lagern).	Wenn trüb, nicht mehr verwenden. Kalt gepresste Öle können flocken, sind dann aber noch genießbar.
Frischer Fisch	Verbrauchsdatum unbedingt einhalten!	Nach Ablauf des MHD entsorgen.
Frisches Fleisch	Verbrauchsdatum unbedingt einhalten!	Nach Ablauf des MHD entsorgen.
Fruchtsaft	Mindestens 4 Monate (ungeöffnet bei Zimmertemperatur lagern, sonst im Kühlschrank).	Wenn schimmelig, trüb oder gärig (Luftblasen bilden sich): bitte entsorgen.
Gewürze, Tee	Ungeöffnet einige Monate (dunkel, trocken und verschlossen lagern).	Geöffnet nach Ablauf des MHD entsorgen.
Kaffee, Kakao	Mindestens 12 Monate (Aromaverlust möglich).	Bei Feuchtigkeit oder Schädlingen sofort entsorgen.
Käse	Hartkäse: mehrere Monate; Weichkäse: mehrere Tage bis Wochen.	Hartkäse: Schimmel wegschneiden; Weichkäse: bei Schimmel sofort entsorgen.
Kekse & Gebäck	Mindestens 5 Monate.	Wenn ranzig, matschig: entsorgen.
Konserven	Ungeöffnet und unbeschädigt mehrere Jahre (dunkel lagern).	Stark verbeulte, rostige oder undichte Dosen entsorgen.
Marmelade & Konfitüre	Mehrere Monate bis Jahre (dunkel lagern).	Bei Schimmelbildung: Produkte mit mehr als 50 % Zucker: Schimmel großzügig entfernen. Produkte mit weniger als 50 % Zucker: entsorgen. Wenn die Farbe blasser wird, ändert das nichts an der Qualität.

Mehl, Backpulver	Mehrere Wochen bis Monate.	Wegwerfen, wenn es bitter schmeckt oder bei Schädlingsbefall.
Milch	Frische Milch: einige Tage; H-Milch: einige Wochen.	Saure Milch entsorgen; H-Milch verdirbt, ohne sauer zu werden. Wegwerfen, wenn sie muffig oder bitter schmeckt.
Milchprodukte (Joghurt, Quark usw.)	Ungeöffnet bis einige Monate, geöffnet ein paar Tage.	Bei Schimmel entsorgen. Bildung von Flüssigkeit bei Joghurts ist unbedenklich.
Müsli, Getreideflocken	Mindestens 3 Monate (trocken bei Zimmertemperatur lagern).	Ranziges, weiches oder mit Schädlingen befallenes Müsli entsorgen.
Nüsse	Mindestens 4 Monate (unter 20 Grad, trocken und dunkel lagern).	Bei Schimmel oder schwarzen Stellen unbedingt entsorgen (Schimmelpilze produzieren ein gefährliches Gift), ebenso bei Schädlingen.
Reis, Nudeln	Ungekocht und verschlossen: einige Jahre.	Bei Schimmelverdacht oder Schädlingen alles entsorgen.
Schokoladen, Pralinen	Mindestens 6 Monate (dunkel, verschlossen lagern).	Wenn weniger aromatisch, aber nicht verdorben, z.B. noch zum Backen geeignet. Wegwerfen bei Schädlingsbefall.
Tiefkühlgerichte	Mindestens 12 Monate.	Eine blasse Farbe ist unbedenklich. Auf Geschmack achten.
Wasser	Mindestens 18 Monate.	Wasser in Plastikflaschen nicht so lange aufbewahren wie Wasser in Glasflaschen, da Keimvermehrung durch mehr Luftaustausch möglich. Wenn das Wasser trübe wird: entsorgen.

Wurst, Schinken	Einige Tage im Kühlschrank.	Wenn grünlich, grau, schmierig, faulig oder streng bitter riechend: entsorgen!

Die komplette Checkliste kann bei der Verbraucherzentrale für 1 Euro bestellt werden (zuzüglich Versand).

Quelle: Verbraucherzentrale Hamburg | info.BILD.de

Wann gibt's besonders viele abgelaufene Lebensmittel zum Sparpreis?

Meine Erfahrung: Gerade am Samstagnachmittag finden Sie bei frischen Produkten wie Fleisch- oder Milchprodukten die besten Rabatte. Ansonsten werden unter der Woche eher vormittags Lebensmittel reduziert angeboten.

Ein Rewe-Sprecher: »Ob und ab wann eine Preisreduktion erfolgt, entscheidet immer der Marktmanager. Grundsätzlich verkaufen wir aber keine Ware mehr, die das MHD überschritten hat.« Diese Produkte werden dann Tafelvereinen gespendet. Kaufland reduziert um 30 bis 75 Prozent, nimmt aber abgelaufene Ware auch aus dem Verkauf.

Übrigens: Abgelaufene Lebensmittel liegen im Trend. Es gibt mittlerweile sogar Supermärkte (z. B. in Berlin »Sirplus«), die sich darauf spezialisiert haben.

Gebrauchte Technik kaufen – die besten Tricks

Ich werde immer wieder gefragt, wie man Smartphones, Laptops oder Kameras billiger kriegt. Logisch, das sind oft relativ hochpreisige Produkte, bei denen man auf einen Schlag viel Geld sparen kann.

Der erste Tipp ist klar: Preisvergleichsseiten im Internet nutzen. Aber noch besser ist dieses: einfach gebrauchte Produkte kaufen. Klingt nach einem Risiko, ist aber keins. Und die Deals aus dem Netz sind besser, als Sie denken.

Meine Strategie-Tipps:

1. Immer nur bei seriösen Händlern kaufen, da haben Sie in der Regel bei Nichtgefallen ein Rückgaberecht.

2. Achten Sie darauf, dass der Artikelzustand immer mit »wie neu« oder »sehr gut« bezeichnet ist. Wenn die Angaben ehrlich sind, erleben Sie keine Enttäuschung, da der Verkäufer keine oder höchstens minimale Kratzer verspricht. Und kleinste Gebrauchsspuren weist ohnehin jedes Gerät auch bei normaler Nutzung sehr bald auf.

3. Bei Ebay (wo fast alle seriösen Gebrauchthändler verkaufen) sind wegen der Konkurrenz die Preise niedriger als auf den eigenen Shop-Seiten der Händler. So gibt es hier beispielsweise das jeweils aktuelle iPhone-Topmodell (Zustand »wie neu« oder »sehr gut«) für knapp 20 Prozent unter dem günstigsten Preis für Neuware. Das ent-

spricht knapp 200 Euro. Noch besser sind die Preise bei älteren Modellen: Hier kann man gegenüber dem günstigsten Neupreis bis fast 50 Prozent sparen. Ähnliches gilt auch für andere Smartphones (zum Beispiel Samsung).

Für Foto-Fans: Eine gute Canon-Kamera ohne Objektiv kostet gebraucht um 750 Euro. Günstigster Neupreis: fast 90 Euro höher.
Auch lohnend: gebrauchte CDs, DVDs oder Games.

Das Preis-Fazit: Bei etwa zwei Dritteln aller Preis-Checks ist Gebrauchtware ohne oder mit nur minimalen Gebrauchsspuren durchschnittlich 20 Prozent günstiger.

Weitere wichtige Erkenntnisse:

▶ Auch Apple verkauft gebrauchte Produkte. Der Preisvorteil gegenüber Neuware schmilzt aber massiv, wenn man als Vergleich den günstigsten verfügbaren Internet-Preis heranzieht. Ich meine: Da lohnt Apple nicht.

▶ Viele Ebay-Händler verkürzen bei gebrauchter Ware die Gewährleistung legal auf zwölf Monate (kürzer ist rechtlich nicht erlaubt).

▶ Der Versandriese Amazon bietet gebrauchte Waren als »Warehouse Deals« (Kundenrückläufer) und als »Renewed« (aufgekaufte B-Ware von Kunden) an. Wichtig: Achten Sie bei Angeboten immer auf die Zustandsbeschreibung. »Akzeptabel« würde ich nicht kaufen.

Hier gibt's die meiste Kohle für Gebrauchtes

Zum Geburtstag, zu Weihnachten gab's das neueste Smartphone – aber wohin mit dem alten? Oder Sie brauchen noch Geld für Geschenke. In beiden Fällen habe ich die Lösung: Verkaufen Sie das, was Sie nicht mehr brauchen. Ankaufdienste boomen – für Technik, Bücher, CDs und Kleidung. (Autos lasse ich mal außen vor.)

Grundsätzlich gilt: Je angesagter Technik ist, desto geringer der Wertverlust. Der Erlös für ein Smartphone beim Verkauf an einen Händler liegt nach einem Jahr durchschnittlich rund 30 Prozent unter dem Neupreis. Besonders iPhones und iPads von Apple lassen sich – so meine Erfahrung – meist noch zu wirklich guten Tarifen verkaufen. Defekte oder arg ramponierte Geräte bringen dagegen fast gar nichts mehr. Trotzdem: Lieber für wenig verkaufen statt einfach wegwerfen bzw. fachgerecht entsorgen. Ich habe (als Privatperson) verschiedene Händler getestet.

▶ **Momox:** Hier kann ich zum Beispiel Bücher, Spiele oder Markenkleidung loswerden. Bei Massenartikeln (zum Beispiel eine Céline-Dion-CD) gibt's nur 15 Cent, für seltene Bücher oder DVDs aber auch mal 2 Euro und mehr. Für ein Hilfiger-Hemd (ohne Löcher & Flecken) bietet Momox bis zu 6,50 Euro.

Sparfochs-Urteil: Man wird nicht reich, bekommt aber faire Ankaufpreise.

▶ **Rebuy:** Ist spezialisiert auf Technik, aber auch Bücher wird man los.

Sparfochs-Urteil: Rebuy zahlt laut Vergleichen eher etwas weniger als die Konkurrenz. Bei Mängeln teils erhebliche Abwertungen, sonst okay.

▶ **Rankauf:** Für meinen Fritz-Router gab's die versprochenen 65 Euro.

Sparfochs-Urteil: Solide.

▶ **Flip4new:** Auch Fotoapparate oder Camcorder werden Sie hier los.

Sparfochs-Urteil: Keine Lockangebote; bei gut erhaltenen Geräten auch gute Preise.

▶ **Zoxs:** Auf Vergleichsportalen bietet der Händler oft mehr als die Mitbewerber. Negativ: Für die Rücksendung des Geräts bei Nichtinteresse berechnet Zoxs 3,50 Euro. Die Bearbeitungszeiten sind aktuell zu lang.

Sparfochs-Urteil: Ich persönlich habe bisher fast immer gute Erfahrungen gemacht.

▶ **MySwooop:** Bei meinem Test bot der Händler erst 617 Euro für das noch versiegelte Smartphone, wollte dann plötzlich nur noch 500 Euro zahlen.

Sparfochs-Urteil: Vorsicht, Lockangebot!

▶ **Wirkaufens:** Tage später korrigierte auch dieser Händler das Angebot nach unten: 487 Euro statt der zunächst gebotenen 626 Euro. In den eigenen Geschäftsbedingungen hat sich Wirkaufens dieses Recht explizit eingeräumt.

Sparfochs-Urteil: Durchgefallen!

► **Ebay:** Sie müssen 10 % Provision (nur an Aktionstagen ermäßigt) plus gegebenenfalls Paypal-Gebühr (1,9 %) zahlen. Es kann dauern, bis der Artikel verkauft ist. Und Ärger mit dem Käufer ist nicht auszuschließen. Wem auch der Aufwand des Einstellens egal ist, der könnte am Ende tatsächlich mehr Geld in der Tasche haben als bei einem Ankaufdienst.

Sparfochs-Urteil: Lohnt sich aus meiner Sicht nur dann, wenn Ebay im Rahmen einer Aktion auf die Provision verzichtet. Lieber Ebay-Kleinanzeigen nutzen (komplett gratis).

► **Clevertronic:** In meinem Test zahlte der Händler für das nagelneue Smartphone auf Anhieb die 663 Euro, die er angeboten hatte.

Sparfochs-Urteil: Für mich der Testsieger.

Vier wichtige Tipps zum Verkaufen:

► Schätzen Sie den Zustand des Artikels ehrlich ein. Beispiel: Mikrokratzer auf einem Handy bedeuten, dass das Gerät nicht mehr »wie neu« ist. Mehrere deutliche Kratzer und Kerben können das Gerät auf nur noch »akzeptabel« abwerten.

► Vergleichsportale nutzen: Auf *Recyclingmonster.de* oder *Werzahltmehr.de* sehen Sie, welcher Händler am meisten zahlt.

► Ich schütze neue Geräte schon bei der ersten Inbetriebnahme immer mit Hülle und Panzerfolie. Lohnt sich: Gebrauchsspuren werden so minimiert, mein Wiederverkaufserlös liegt dadurch um mindestens 20 % höher.

► Kein Risiko: Sie schicken das Gerät immer kostenlos

(ab 10 Euro Verkaufswert) und versichert ein. Zahlt der Händler weniger als erwartet, können Sie den Ankauf ablehnen und sich das Gerät zurückschicken lassen. Die Konkurrenz bietet vielleicht mehr ...

Bonusprogramme im Check: Top oder Flop?

Geld zurück beim Einkauf – warum drauf verzichten? Wir Deutschen (auch ich) lieben es, Bonuspunkte und -meilen zu sammeln. In jeder Geldbörse stecken rechnerisch vier und mehr Karten von Bonusprogrammen wie Payback oder Miles & More. Wer Sonderaktionen beachtet (zum Beispiel 10-fach Punkte), hat wirklich etwas davon.

Der Aufwand ist gering: Einfach die Plastikkarte an der Kasse vorlegen. Im Internet ist es einen Tick komplizierter: Erst im Cashback-Portal anmelden und von dort aus zum Shop surfen. Der Bonus-Anbieter erhält für die Weiterleitung an den Händler eine Provision, die mit dem Kunden geteilt wird. Aber was kommt am Ende dabei raus? Hier ist mein persönlicher Test.

Lohnt sich auf jeden Fall

Shoop: Nur online! Bei Aktionen bis zu 13 Prozent der

Kaufsumme als Rückzahlung nach einigen Wochen. Bei Ebay oder Media Markt bis zu zwei Prozent. Jeder meiner Käufe wurde lückenlos erfasst. Auszahlung ab 1 Euro auf mein Konto. Ich habe in einem Jahr fast 1.000 Euro »verdient«!

DeutschlandCard: Durch sogenannte E-Coupons (aktivierbar in der App) bekomme ich oft dreifache Punkte. Beim Tanken bei Esso macht das 1,5 Cent Rabatt pro Liter. Keine Bargeldauszahlung, aber ich bekomme eine (kleine) Tankfüllung oder meinen Einkauf bei Edeka gratis. Allerdings: Ohne Mehrfachpunkte dauert das Sammeln sehr lange.

IKEA: Der schwedische Möbelgigant bietet eine Menge, zum Beispiel ausgewählte Produkte zum exklusiven IKEA-FAMILY-Preis, Gratiskaffee im IKEA-Restaurant, Transportsicherungen, Geburtstagsüberraschungen für Sie und Ihre Kinder sowie Einladungen zu Aktionen und Events.

Lohnt sich nur teilweise

Miles & More: Auch beim Einkaufen kann ich bei Europas größtem Vielfliegerprogramm Prämienmeilen sammeln. Die Ausbeute (außer bei Sonderaktionen mit Fünffach-Meilen) ist eher gering. Als Vielfliegerprogramm aber gut!

Payback: Das größte Bonusprogramm mit 30 Millionen Kunden. Viele Partner, bei denen ich Punkte sammeln kann. Zu selten richtig gute Aktionen (zum Beispiel 15-fach Punkte bei Ebay). Online-Einkäufe wurden bei mir wiederholt gar nicht erfasst, ich musste aufwendig reklamieren.

Prämien okay. Habe aber den Spaß verloren. Und ganz bitter: Obwohl das Programm Payback (englisch für »Rückzahlung«) heißt, ist die Bargeldauszahlung auf der Website total versteckt.

Shell Clubsmart: Sehr gut ist die Preisgarantie. Die bedeutet: Shell vergleicht die aktuellen Benzinpreise der nächsten zehn Markentankstellen im Umkreis Ihrer Shell-Station. Sollte eine dieser zehn Markentankstellen deutlich günstiger sein, reduziert das Kassensystem beim Vorzeigen der Bonus-Karte den an der Zapfsäule angezeigten Literpreis auf einen Preis, der maximal zwei Cent/Liter über der Konkurrenz liegt. Schwachpunkt: Das Punktekonto füllt sich nur langsam. Wenn ich mich für die Preisgarantie entscheide, sammle ich keine Punkte.

Lohnt sich nicht

Andasa: Ähnliches Prinzip wie bei Shoop und deutlich mehr Partnershops, aber Bargeldauszahlung erst ab 30 Euro. Das Sammeln dauerte mir zu lange. Cashback-Ausbeute gefühlt geringer als bei Shoop. Nichts für mich!

Arbeiten Cashback-Programme auch mit Tricks?

Ja! Andasa wirbt zum Beispiel bei Google offensiv mit »10-Euro-Gutschein gratis«. Zwar werden dem Kundenkonto zehn Euro gutgeschrieben, eine Auszahlung erfolgt aber erst ab 30 Euro. Melde ich mich vorher beim Dienst ab, ist das Guthaben futsch.

Apropos Auszahlung: Wie schon erwähnt, versteckt das Unternehmen die Auszahlung von Bargeld im eigenen Internet-Auftritt. Erst mit der Suche nach »Bargeld« taucht die Funktion auf. Warum? Die Payback-Sprecherin erklärt das so: »Diese Form der Einlösung wird nur noch von wenigen Kunden genutzt, sie steht deshalb nicht im Fokus.«

Ganz wichtig: Nutzen Sie beim Onlineshopping nicht zwischendurch Seiten von Drittanbietern (zum Beispiel Gutscheinportalen), sonst kann die Gutschrift der Bonuspunkte scheitern. Grund sind falsch gesetzte Cookies (kleine Dateien, die von einer Website auf Ihrem Rechner gespeichert werden und zum Beispiel persönliche Anmeldeinformationen enthalten).

Sparfochs-Urteil: Sie sollten sich nur auf ein oder zwei Programme konzentrieren und dort die Sonderaktionen im Auge behalten. Wenn Sie zum Beispiel nur in einem Möbelhaus einkaufen, kann sich die Kundenkarte genau dieser Kette lohnen.

Payback & Co. im Preis-Check: die bittere Wahrheit über Sachprämien

Bonuspunkte und Flugmeilen lassen sich oft nur gegen

Sachprämien eintauschen. Aber wie ehrlich werden die Gegenwerte ermittelt? Die Kollegen vom Preisvergleich Idealo haben bei zufällig ausgewählten Produkten Preise bei den bekanntesten Anbietern Payback, DeutschlandCard und Miles & More gecheckt.

Das bittere Ergebnis: Wegen der Bonuspunkte und der Sachprämien ein bestimmtes, teureres Produkt zu kaufen lohnt sich oft nicht. Rechnet man den Wert der Bonusmeilen und -punkte in Euro um, sind die Prämienshops bei 88 % aller überprüften Produkte teurer als der günstigste Idealo-Preis – zum Teil sogar heftig teurer. Würden die Bonusprogramme also Bargeld statt Sachprämien verteilen, käme man als Kunde meist besser weg.

Natürlich: Man bekommt die Punkte und Meilen unterm Strich kostenlos – aber man möchte ja dennoch einen realen Gegenwert erhalten. Ärgerlich sind die meisten Shop-Preise auf jeden Fall dann, wenn ich zusätzlich zu den Bonuspunkten auch Geld drauflegen muss. Dann sollte man genau hinschauen und rechnen.

Payback: Bei 29 zufällig ausgewählten Produkten war der Prämienshop in nur sechs Fällen (oder rund 20 %) günstiger als der niedrigste Preis – noch die beste Quote im Preis-Check. Eine Payback-Sprecherin: »Es ist nicht möglich, immer den günstigsten Preis zu bieten. Das behaupten wir auch nicht.«

DeutschlandCard: Nur zwei von 23 Produkten günstiger als Idealo (= 8 %). Eine Sprecherin: »Unsere Prämien sind dafür in ausreichender Menge verfügbar.«

Miles & More: Nur drei von 33 zufällig ausgewählten Produkten waren im Worldshop billiger als der günstigste Idealo-Preis (Quote: 9 %). Eine Sprecherin: »Wir orientieren uns an den unverbindlichen Preisempfehlungen der Hersteller.«

Sparfochs-Tipp: Meilen lieber für Prämienflüge einlösen statt für Sachprämien. Schnäppchenflüge in ausgewählte europäische Städte gibt's ab 15.000 Meilen (*www.meilen schnaeppchen.de*).

So funktioniert eine Preissuchmaschine – und das haben Sie davon

Deutschland ist das Land der Sparfüchse. Laut einer Umfrage

▶ sparen 97 Prozent der Deutschen regelmäßig,

▶ wollen neun von zehn Deutschen nicht mehr ausgeben als unbedingt nötig,

▶ nutzen 67 Prozent der Deutschen Preisvergleichsplattformen als Sparmethode.

Wissen Sie eigentlich, wie solche Vergleichs-Websites funktionieren und wo ihre Grenzen sind? Preisportale erleichtern die Suche nach Schnäppchen ungemein, sagen mir aber auch: Jetzt ist gar kein guter Zeitpunkt, um etwas zu kaufen – lieber noch warten. Wer solche Vergleiche klug nutzt, kann leicht zehn bis 20 Prozent vom durchschnittlichen Online-Preis sparen.

Die drei größten Anbieter in Deutschland

▶ *Idealo.de* mit monatlich fast 42 Millionen Visits. Das heißt: 42 Millionen Mal kommen Nutzer auf die Website, um einen oder mehrere Preise abzufragen. Damit ist Idealo Marktführer in Deutschland.
▶ Platz zwei: *Geizhals.de* mit 7,2 Mio. Visits im Monat.
▶ Platz drei: *Ladenzeile.de* mit 5,3 Mio. Visits pro Monat.

So funktioniert eine Preissuchmaschine

Das Wichtigste: Die Preise müssen aktuell sein. Bleiben wir beim Marktführer Idealo: Ihre Angebotspreise können die 50.000 Händler beispielsweise über eigens eingerichtete Schnittstellen größtenteils selbst aktualisieren. Durch modernste Technologie kann Idealo mehr als drei Milliarden Angebote pro Tag automatisch verarbeiten, das sind bis zu 60.000 Importe pro Sekunde.

Zunächst muss aber jedes neue Produkt von Hand eingestellt werden. Mehr als 150 Produktexperten und Redakteure kümmern sich um die Erstellung der Inhalte auf Idealo. Ob Produktinformationen, Testberichte oder Expertenmeinungen – das Content-Team recherchiert und schreibt alles persönlich für die Nutzer.

Ist das vorbereitet, aktualisieren sich die Preise auf der Website automatisch. »Dynamic Pricing« ist ein mittlerweile bekanntes Phänomen im Online-Handel. Das bedeutet, dass Preise abhängig von Uhrzeit und Tag steigen oder sinken. Bei Top-Produkten, insbesondere aus dem Elektronikbereich, änderte sich der jeweilige Bestpreis im Schnitt bis zu viermal täglich. Bei weniger dynamischen Produkten änderte sich der Bestpreis eher ein- bis zweimal wöchentlich.

Wer ein Angebot anklickt, kann es gleich entweder direkt bei Idealo oder per Weiterleitung zum Shop bestellen. Dafür kassiert die Preissuchmaschine eine Provision vom Händler.

So nutze ich eine Preissuchmaschine richtig

Die Plattform nennt den aktuellen Preis bei zuverlässigen Händlern, gleichzeitig wird auch der Preisverlauf in den letzten sechs Monaten angezeigt – wenn es das Produkt schon länger gibt, auch der des letzten Jahres.

Ich kann erkennen,
- ▶ ob der Preis gerade fällt oder steigt. Ich sehe also, dass ich womöglich auf noch niedrigere Preise warten kann.
- ▶ welche Tiefstpreise es zuletzt gab. Das hilft mir einzuschätzen, welche Rabatte wirklich gut sind.
- ▶ ob der Artikel lieferbar ist.
- ▶ wie andere Nutzer oder Testportale das Produkt beurteilen. Bei Idealo sind 250.000 Testberichte und 40.000 Nutzermeinungen abrufbar.

Vier wichtige Sparfochs-Tipps

▶ Beobachten Sie die Preise am besten über mehrere Wochen.

▶ Wenn gerade ein Bestpreis erreicht ist, schlagen Sie zu! Der nächste kommt bestimmt, aber vielleicht erst in einem Monat.

▶ Nicht gleich zum Verkaufsstart eines Produkts Geld ausgeben. Nach ein bis zwei Monaten fällt der Preis oft um zehn Prozent.

▶ Immer die Versandkosten im Auge behalten. Idealo zeigt den günstigsten Gesamtpreis (inkl. Versand) in Orange an.

Die Grenzen des Preisvergleichs

Idealo führt zwar mehr als zwei Millionen Produkte (ca. 2.500 neue täglich), aber eben nicht alles.

Ausgeschlossen sind etwa:

▶ Waffen und Waffenzubehör, zum Beispiel Schusswaffen jeglicher Art,

▶ verbotene und nicht zum Verkauf in Deutschland zugelassene Feuerwerkskörper und Pyrotechnik gemäß Sprengstoffgesetz,

▶ Angebote, die die Ideologie und Politik des NS-Regimes unterstützen oder rechtfertigen,

▶ lebende Wirbeltiere sowie Tiere, deren Handel nach dem Washingtoner Artenschutzabkommen und der Bundesartenschutzverordnung verboten ist,

- Angebote, die der Tierquälerei dienen (z. B. Stachel- oder Korallenhalsbänder) oder sie fördern,
- Tabakwaren, z. B. Zigaretten, E-Zigaretten und Liquids.

Die Service-Angebote einer Preissuchmaschine

- Ich kann mir einen sogenannten **Preiswecker** stellen. Dazu muss ich meine E-Mail-Adresse preisgeben und ein Passwort wählen. Ich lege ein Konto an und gebe meinen Wunschpreis für ein Produkt ein. Wenn der Preis erreicht ist oder in Richtung Wunschpreis fällt, bekomme ich eine E-Mail. Diesen Service kann ich auch jederzeit abbestellen.
- Der Preisalarm funktioniert auch per App.
- Ich kann sehen, was das Produkt als B-Ware oder gebraucht kostet. Der Zustand (sehr gut/wie neu) steht immer dabei. Es werden aber nur Preise von Händlern angezeigt, keine Privatangebote von Ebay.
- Ist ein Produkt im Ausland sogar günstiger? Auch das checken Plattformen wie Idealo. Ich sehe am rechten Rand die günstigsten Idealo-Preise z. B. aus Großbritannien, Frankreich, Italien oder Spanien. Angezeigt werden Preise inklusive Inlandsversand im jeweiligen Land. Die Lieferung nach Deutschland ist meist teurer.

Extra-Tipp: Bei Amazon Spanien oder Italien kann ich mich mit meinem deutschen Passwort einloggen, die Versandkosten nach Deutschland liegen bei zirka fünf Euro. Fair!

Die Verkaufstricks der Modehändler

Wie und wo kriege ich Kleidung besonders günstig? Als Sparfochs habe ich den Preis-Check gemacht. Aber Vorsicht: Es gibt einige (leider legale) Verkaufstricks. Die sollten Sie kennen.

Trick 1: Die unverbindliche Preisempfehlung (UVP) des Herstellers auf dem Etikett
Beispiel: Die Off-Price-Kette TK Maxx mit 124 Filialen in Deutschland druckt die UVP in vielen Fällen aufs Preisschild. Ich staune über enorme Preisnachlässe: Ein goldfarbener Karl-Lagerfeld-Schuh für Damen kostet jetzt nur 60 Euro – 115 Euro günstiger als die UVP. Ein Herrenhemd von Trussardi gibt's für 30 Euro statt 130 Euro. Sehr verführerisch!

Die Werbung mit der UVP ist erlaubt, aber: Wir Kunden können kaum überprüfen, ob die Hersteller immer noch die hohen Preise empfehlen. Die Designerstücke könnten speziell für TK Maxx hergestellt worden sein (was das Unternehmen nicht leugnet) oder aus dem Ausland stammen.

Die Verbraucherzentrale in Kiel sagt: »Die UVP muss auch tatsächlich noch bestehen. Ändert sich diese, ohne dass es der Händler bemerkt, so kann seine Preiswerbung schnell irreführend werden.« Bei durchgestrichenen Preisen auf dem Etikett ist wichtig: Der Händler MUSS den Artikel auch mal zu diesem Preis angeboten haben.

TK Maxx verweist auf eine interne Richtlinie, wonach die UVP nur auf dem Etikett erscheint, wenn ein Lieferant diese nachgewiesen habe.

Trick 2: No-Name-Mode zwischen Designerstücken

Kunden werden mit bekannten Marken gelockt, die Ständer sind zum Teil mit Eigenmarken und Günstig-Produkten aufgefüllt. TK Maxx sagt dazu: »Einige Waren werden für uns hergestellt, und einige werden von unseren eigenen Mode- und Stil-Experten entworfen.«

Trick 3: Durchgestrichene Mondpreise auf dem Preisschild

Sie sollen den Eindruck erwecken: Das Designer-Teil war im Laden mal richtig teuer. Das kann stimmen ... Ist es aber ein reiner Fantasiepreis, könnte auch hier Irreführung des Verbrauchers vorliegen. Der Nachweis ist aber nicht einfach und funktioniert meist nur, wenn in großem Stil Streichpreise erfunden werden.

Trick 4: Alte Ware aus den Vorsaisons im Angebot

Kein Problem bei zeitlosen Klassikern. Aber ein modisches Schnäppchen könnte in Wahrheit längst »out« sein.

Sparfochs-Urteil: Wer die Tricks kennt, kann trotzdem viel sparen.

Weitere Sparmöglichkeiten im Schnell-Check

Kaufhäuser wie Karstadt oder Galeria Kaufhof: Bei besonderen Aktionen (»Zusätzlich 30 Prozent auf reduzierte Ware«) günstiger, als ich dachte.

Outlet-Center: Die aktuelle Topkollektion zum Schnäppchenpreis werden Sie hier kaum finden. Stattdessen: Überproduktionen, Vorjahresstücke oder extra für die Ramschaktion hergestellte Kleidung. Wen das nicht stört und wem die oft weite Anreise nicht zu aufwendig ist, der spart hier bis zu 70 Prozent.

Mode vom Discounter: oft belächelt, aber bei Basics (Unterwäsche, Sportkleidung) eine günstige Spar-Alternative. Aldi Nord bietet an bestimmten Tagen Restposten nochmals reduziert an. Konkurrent Lidl hat regelmäßig Sonderverkäufe in bestimmten Filialen.

Online-Shops: Deutschlands größter Schnäppchenblog »Mydealz« berichtet bei diesen Händlern oft über gute Tiefpreis-Aktionen: Dress for Less, Brands4friends, Designermode.com, Engelhorn, Outlet 46, Amazon, My Best Brands und Zalando.

Shopping im Ausland: Kann sich in den USA lohnen, wo Ketten wie Marshall's oder TJ Maxx Jeans von Levi's für 24,99 Dollar oder von Calvin Klein für 30 Dollar (zuzüglich Steuer) raushauen. Wichtig: Sie dürfen nur Waren im Wert von 430 Euro abgabenfrei in Deutschland einführen. Leichter zu erreichen: beliebte Outlet-Center in Roermond (Niederlande) oder Salzburg.

Nicht empfehlen kann ich Märkte an der polnischen und tschechischen Grenze. Dort gibt's fast nur schlecht nachgemachte Kleidung.

Wie günstig sind Outlet-Center wirklich?

Auf meiner Suche nach wirklich günstigen Klamotten habe ich auch die Preise im Outlet-Center gecheckt – und zwar in Deutschlands bekanntestem in Metzingen bei Stuttgart. Lohnt sich ein Besuch wirklich?

Der vom Center subventionierte Bus-Shuttle vom Flughafen (Preis 10 Euro hin und zurück) war 'ne glatte 1. Ich war im schicken Reisebus auf beiden Touren der einzige Fahrgast. Ansonsten fallen mir im Center viele Chinesen auf – für sie sind Luxusmarken extrem günstig.

Preis-Check bei Boss

- Die Herrentasche Victorian für 239 Euro ist sonst im Internet deutlich teurer. Boss verkauft das Modell in den USA sogar für 545 Dollar.
- Knallige Sommer-Poloshirts in Gelb und Orange von 30 bis 50 Euro – im Internet etwas teurer, aber nur etwas für Farbfans.
- Lederjacke für 279 Euro – deutlich günstiger als andere Boss-Modelle, kein Vergleichspreis zu finden.
- Grauer Pullover mit Knopfleiste für 99,95 Euro – kein Preis im Internet zu finden, aber vergleichbare Boss-Modelle ähnlich günstig.

▶ Ich suche eine warme Winterjacke. Im regulären Outlet-Angebot kosten Modelle ab 399 Euro. Beim »Special Sale« unterm Dach gibt's zwei gute Modelle für 249 Euro. Gewusst wo!

Preis-Check bei Calvin Klein
▶ Die Jeans HR Straight ist von 130 auf den Outlet-Preis 91 Euro reduziert – gibt's in manchen Online-Shops aber schon ab 65 Euro.

Preis-Check bei S.Oliver
▶ Oberteile für Frauen um angeblich 80 % reduziert – günstiger als im Internet, aber nur noch sehr kleine oder XXL-Größen übrig.

▶ Günstige Sakkos ab 30 Euro, aber normale Größen sind ausverkauft.

Preis-Check bei Marco Polo
▶ Herrensteppjacke für 104 Euro – deutlich günstiger als im Netz.

▶ Herrenhose Chino für 62,90 Euro – im Internet zum ähnlichen Preis erhältlich.

Preis-Check bei Seidensticker
▶ Bügelfreies Businesshemd im Abverkauf für 40 Euro – habe ich im Seidensticker-Outlet Halle-Leipzig schon für 20 Euro gekauft.

Preis-Check bei Nike

▶ Angesagte Sneaker-Modelle habe ich nicht gefunden, aber bei Aktionen wie »30 % auf Deinen Einkauf« können Angebote im Netz nicht mithalten. Ohne Aktionen eher enttäuschend.

Preis-Check bei Levi's

▶ Herrenjeans 501 um 60 Euro – einige Internetshops halten da mit.

▶ Damenjeans High Rise Skinny für 40 Euro – Bestpreis, aber viele normale Größen ausverkauft.

Preis-Check bei Polo Ralph Lauren

▶ Auf dem Abverkaufsständer langärmelige Hemden und Polos ab 29 Euro – im Netz teurer.

▶ Klassische Herrenschnürschuhe für 80 Euro – kein Internetshop ist billiger. Allerdings wirkte das Sortiment sehr ausgedünnt.

Sparfochs-Fazit: Zum Teil wirklich gute Preise, jedoch normale Größen bei Schnäppchen oft ausverkauft. Und Sie müssen wissen: Viele Stücke werden extra fürs Outlet hergestellt oder stammen aus der Vorsaison.

So holen Sie am meisten aus einem Outlet-Center raus! Meine Tipps:

▶ Beachten Sie diese Faustregel: Artikel, die nur um 30 Prozent reduziert sind, gibt's meist woanders günstiger.

▶ Suchen Sie in den Läden nach den Superschnäppchen.

Die finden Sie meistens in den hinteren/oberen Bereichen der Geschäfte.

▶ Oft gibt es zusätzliche Gutscheine in der Center-Information. Fragen Sie danach! Nachteil: Nochmals reduzierte Ware ist meist vom Umtausch ausgeschlossen.

▶ Bei Topangeboten mit 70 bis 80 Prozent Rabatt lohnt es sich, eine zu lange Hose zu kaufen und beim Änderungsschneider kürzen zu lassen.

▶ Warten Sie bis nach Weihnachten oder bis zum Sommerschlussverkauf. Da gibt's auf die Outlet-Preise noch mal saftige Rabatte. Dann lohnt sich sogar eine längere Anreise.

Richtig viel sparen: Vorgänger-modelle lohnen sich wirklich

Schon wieder kommt ein neues Smartphone auf den Markt, dann der nächste Superfernseher, Powerstaubsauger, Computer ...

Immer versprechen die Hersteller: Natürlich ist das neue Gerät viel, viel besser als das Vorgängermodell. Ich, der Sparfochs, glaube das nicht. Schließlich war das Vorgängermodell bei seiner Markteinführung vor einem Jahr angeblich auch schon von unüberbietbarer Topqualität. Klar hat eine Neuerscheinung auf dem Papier bessere (innere) Werte, aber machen die sich in meinem Alltag bemerkbar? Ich glaube: NEIN.

Sparfochs-Tipps zum Sparen mit Vorgängern:

▶ Marktstart neuer Modelle abwarten: Viele Produktreihen haben einen festen, meist jährlichen Turnus. Die Veröffentlichung eines neuen Modells lässt sich also sehr gut vorhersehen, beispielsweise bei Smartphones der Tophersteller. Wer also z. B. zu Beginn des Jahres überlegt, ein Samsung-Handy zu kaufen, sollte das jährliche »Unpacked Event« des Herstellers Ende Februar abwarten, auf welchem stets die neueste S-Reihe vorgestellt wird. So konnte man das Galaxy S9 schon kurz nach Veröffentlichung des Galaxy S10 für rund 160 Euro ergattern, während das neue Modell eine UVP von 899 Euro aufwies – fast doppelt so viel. Timing ist also alles!

▶ Shopping-Events ausnutzen: Mehrere Idealo-Analysen der Angebote am Amazon Prime Day (immer im Juli) oder Black Friday (Ende November) haben gezeigt, dass gerade an den weltweiten Spartagen Vorjahresmodelle im Preis fallen und zu Schnäppchen werden.

Ich habe die Kollegen vom Preisvergleich Idealo gebeten, aktuelle Geräte und Vorgängermodelle gegenüberzustellen. Meine Anforderung an den Vergleich: Sie, die Leser dieses Buches, müssen bei dem Technik-Vergleich mindestens 100 Euro sparen! Das Ergebnis lässt sich sehen …

Kategorie Smartphones

Beispiel 1: Samsung Galaxy S10 vs. Samsung Galaxy S9
Eine Triple-Kamera mit Nachtmodus, ein etwas stärkerer

Chip und »Reverse Charging« sind die Neuerungen beim Galaxy S10. Die Änderungen an Display und Akku sind eher gering.

Sparfochs-Fazit: Der Mehrwert des neueren Modells liegt vor allem in der verbesserten Kamera. Bei Leistung, Speicher und Akku sind die Unterschiede letztlich marginal. Sofern die Smartphone-Kamera kein kaufentscheidendes Kriterium ist, lohnt es sich, mit dem Galaxy S9 derzeit knapp 20 % zu sparen.

Beispiel 2: Samsung Galaxy S10 Plus vs. Samsung Galaxy S9 Plus

Das Galaxy S10 Plus unterscheidet sich vom S9 Plus (wie auch das S10 vom S9) durch die hochwertige Triple-Kamera, einen besseren Prozessor sowie ein starkes OLED-Display.

Sparfochs-Fazit: Abstriche beim Akku und der Verzicht auf technische Spielereien wie Teleobjektiv, Ultraschall-Fingerabdrucksensor oder kabelloses Laden sind nötig, wenn man auf das ein Jahr ältere S9 Plus zurückgreift. Dafür lassen sich immerhin rund 20 % sparen.

Beispiel 3: Huawei P30 Pro vs. Huawei P20 Pro

Wie auch beim Galaxy S10 lohnt sich der Griff zum P30 Pro vor allem wegen der besseren Kamera. Daneben ist jedoch auch das Display etwas größer, der interne Speicher erweiterbar und der Chip leistungsstärker.

Sparfochs-Fazit: Die Verbesserungen beim P30 Pro gegenüber dem P20 Pro sind nicht von der Hand zu weisen – das P20 Pro punktet letztlich vor allem mit seinem klar besseren Preis-Leistungs-Verhältnis: In der 128-GB-Variante ist es rund 40 % günstiger als sein Nachfolger P30 Pro. Damit sticht es preislich und qualitativ viele Mittelklassehandys aus.

Beispiel 4: OnePlus 7 Pro vs. OnePlus 6T

OnePlus hat sich im letzten Jahr immer mehr den »drei Großen« Apple, Samsung und Huawei angenähert und sich mit dem neuen OnePlus 7 Pro sowie dem Vorgänger One-Plus 6T durchaus als ernst zu nehmende Alternative zu den gängigen Flaggschiffen etabliert. Wie groß sind die Unterschiede zwischen den beiden aufstrebenden Oberklasse-Alternativen?

Beide OnePlus-Modelle glänzen mit einer sehr langen Akkulaufzeit, großen Displays und einer modernen Optik. Vorteile hat das 7 Pro dank einer ausfahrbaren Selfie-Kamera sowie seiner besonders schnellen Performance.

Sparfochs-Fazit: Das OnePlus 6T ist zwar nicht ganz so leistungsstark wie sein Nachfolger, bei der Kamera-Qualität und dem Akku kann es aber gut mithalten. Runde 30 %, die man bei noch immer sehr gutem Software-Support spart, sind ein klares Kaufargument für den Vorgänger.

Extra-Tipp zum Smartphone-Kauf: Updates im Auge behalten! Achten Sie beim Kauf von Vorgängermodellen darauf, wie lange diese noch Updates erhalten. Der Support-Zeitraum für das Galaxy S10 dürfte beispielsweise bis mindestens 2021 gelten, für das S9 könnte hingegen 2020 bereits die letzte Android-Aktualisierung stattfinden.

Kategorie Fernseher

Topbeispiel: LG OLED C9 vs. LG OLED C8

Beim OLED-TV C9 (um 2.500 Euro) hat LG im Vergleich mit dem Vorjahresmodell einige Feinheiten verbessert, vor allem die Tonqualität. Daneben kommt der Fernseher mit dem neuen HDMI-Standard 2.1 und einer noch komfortableren Bedienung.

Sparfochs-Fazit: Der LG OLED C8 aus dem Vorjahr liefert eine sehr gute Bildqualität und kostet aktuell in der 65-Zoll-Version ganze 25 % weniger als der neue C9. Da sollten ein paar Abstriche beim Ton kein Kaufhindernis darstellen. Da sind schnell einige Hundert Euro gespart.

Kategorie Staubsauger

Beispiel 1: Dyson Cyclone V11 Absolute vs. Dyson V10 Absolute

Mit jeder Generation verbessert Dyson seine Akku-Sauger weiter. Die größte Veränderung zum Vorgänger V10 ist eine neue automatische Saugstärkenregulierung. Diese wirkt sich auch positiv auf die Akkulaufzeit aus, welche beim V11 noch mal etwas länger ist. Auch eine große Display-Anzeige für den Akkustand und die Restlaufzeit am Staubsauger sind neu.

Sparfochs-Fazit: Wer auf ein schickes Digital-Display und die automatische Saugregulierung verzichten kann, ist mit dem V10 Absolute noch immer sehr gut bedient. Denn in puncto Aufbau, Look, Handhabung und Saugkraft gibt es zwischen Vorgänger und neuem Modell kaum Unterschiede. Das Sparpotenzial liegt dafür bei um die 20 %.

Beispiel 2: Roborock S6 vs. Roborock S5

Der Roborock S6 ist verschiedenen Testberichten zufolge etwas leiser als sein Vorgänger, auch die Navigation wurde leicht verbessert. Insgesamt sind die Änderungen jedoch von eher geringem Ausmaß – Reinigungsleistung und Handhabung sind annähernd gleich geblieben, auch optisch sind die Saugroboter kaum voneinander zu unterscheiden.

Sparfochs-Fazit: Beide Saugroboter liegen im mittleren Preissegment und können mit einer sehr guten Navigation, einer guten Saugleistung und Wischfunktion glänzen. Für etwa 360 Euro ist der S5 ein echtes Schnäppchen in dieser Kategorie. Rund 40 % Nachfolger-Aufpreis werden für den etwas leiseren Roborock S6 fällig.

Kategorie Notebooks

Beispiel: Apple »MacBook Pro 13« 2019 vs. Apple »MacBook Pro 13« 2018

Im Gegensatz zum »MacBook Pro 13« 2018 hat Apple in der Neuauflage neue, leistungsstarke Prozessoren verbaut und somit vor allem die Hardware verbessert. Auch die Tastatur wurde optimiert. Display oder Speicher sind hingegen gleich (gut) geblieben.

Sparfochs-Fazit: Die technischen Upgrades sind in erster

Linie für sehr aufwendige, hohe Anforderungen und die Verarbeitung großer Datenmengen relevant, z. B. die Video-Codierung. Für einfachere Anwendungen reicht die 2018er-Variante vollkommen aus. Bei 256 GB Speicher liegt die Ersparnis um die 10 %! Immerhin …

Kategorie Tablets

Beispiel: Samsung Galaxy Tab S6 vs. Samsung Galaxy Tab S4

Leichter, dünner, heller, schneller: Beim neuen Galaxy Tab S6 hat Samsung im Vergleich mit dem Vorgänger in fast allen Bereichen etwas draufgepackt. Einzig die Akkulaufzeit lässt etwas zu wünschen übrig – und der Preis.

Sparfochs-Fazit: Satte 70 Prozent mehr kostet das neue Galaxy Tab S6 in der LTE-Variante mit 256 GB im Vergleich zum Tab S4 (64 GB).

Lebensmittel und Drogerieartikel gratis schnappen – so geht's

Kennen Sie auch diese Leute, die auf Messen alles einsammeln, was gratis ist? Und mit dicken Tüten glücklich nach Hause ziehen? Klar, jeder freut sich, wenn es mal was umsonst gibt. Ich sage: Das Internet ist voll davon. Premiumprodukte, Filme und Lebensmittel gratis, wohin das Auge schaut. Man muss diese Freebies (wie der Schnäppchenjäger die Gratisartikel nennt) nur aufstöbern! Ich habe einiges für Sie getestet.

Ich sage Ihnen, wo genau Sie die größten Sammlungen finden. Und wo Sie aufpassen sollten!

Warum gibt es so viel gratis?

Weil es ständig neue Produkte gibt. Gerade bei Lebensmitteln wollen Hersteller ihre Neuheiten bekannt machen. Was zieht da mehr als ein Aufkleber »GRATIS TESTEN«?

Durch die Rückzahlung oder per Postversand gelangt der Hersteller an persönliche Kundendaten, die wertvoller als jede Marktforschung sind.

Das Prinzip klingt immer recht simpel: Ich kaufe ein bestimmtes Produkt im Laden und beantrage anschließend über die Website des Herstellers die Erstattung des Kaufpreises. In der Regel muss ich den Kassenbon einscannen und hochladen. Es kann aber auch sein, dass ich zum Beispiel nur die Bon-Nummer eingeben muss.

Andere Variante: Ich bestelle – ohne in den Laden zu laufen – einfach eine Produktprobe, für die ich nix zahle.

Was sind die Nachteile?

Um Geld erstattet oder etwas zugesendet zu bekommen, muss man in der Regel seine vollständige Adresse angeben.

Zwar versichern Unternehmen, diese nicht weiterzugeben, doch man weiß nie, was mit den Datensätzen passiert. Bei digitalen Produkten (z. B. Gratis-Software) reicht in der Regel eine gültige E-Mail-Adresse.

Sparfochs-Urteil: Ich habe in den letzten Jahren viele Angebote getestet. Bislang habe ich keinen Beleg, dass meine Daten missbraucht wurden. Aber eine endgültige Sicherheit gibt es nicht. Und manche Kritiker sagen, dass es gar nicht so sehr um den *Miss*brauch der Daten geht, sondern um den ganz regulären *Ge*brauch: Mit immer mehr Informationen über Kunden und Kaufverhalten bekommen insbesondere große Internetkonzerne immer mehr Macht.

Tückische Bedingungen beachten!

Niemand hat einfach so etwas zu verschenken. Ich habe den Eindruck, dass die Aktionsbedingungen immer komplizierter werden. Die Firmen versuchen beispielsweise zu verhindern, dass Verbraucher mehrfach bei Tests mitmachen. Das führt dazu, dass das Kleingedruckte immer ausführlicher wird.

Katastrophal war mein Erlebnis beim Cashback eines Philips-Rasierers. Die Bedingung: Ich kaufe ein bestimmtes Gerät und bekomme vom Hersteller (nach Einsendung des Kaufbelegs) Geld zurück. In diesem Fall ging es um 20 Euro.

Der Aufwand war jedoch erheblich: Recherchieren, für welche Modelle die Rückzahlung gilt, Ausfüllen eines Internetformulars, Ausschneiden des Strichcodes von der

Packung, Vorbereiten eines Briefs, Kaufen einer 70-Cent-Marke und wochenlang warten, ohne zu wissen, ob ich jemals Kohle sehe. Mittlerweile sind die 20 Euro jedoch auf meinem Konto.

Sparfochs-Urteil: Es ist sehr anstrengend, das Klein-gedruckte zu lesen und zu beachten. Das verdirbt oft den Spaß.

Aufwand abschätzen!

Theoretisch könnte ich in Deutschland komplett für lau einkaufen. Es gibt regelmäßig Rückzahlungsaktionen für Lebensmittel (Details weiter unten). Ich könnte speziell diese Dinge kaufen und mir anschließend den Kaufpreis erstatten lassen. Das erfordert aber viel Recherche.

Gut für Verbraucher: Immer beliebter wird bei Herstellern, die Rückzahlung an Aktionspackungen mit dem Aufkleber »Gratis testen« zu koppeln. Das heißt: Halte ich ein Produkt mit einem Hinweis auf die Aktion in den Händen, kriege ich auch das Geld. Ansonsten müsste ich z. B. genau klären, für welche Packungsgrößen der Cashback gilt.

Ich habe mal die Zeit gestoppt. Im Laden habe ich eine neue Duplo-Süßigkeit von Ferrero für 2,29 Euro gekauft. Der Gratis-Code befand sich auf dem Pappeinleger in der Packung. Auf dieser Website habe ich die Erstattung beantragt. Mit Lesen der Bedingungen war ich in drei Minuten, zehn Sekunden fertig. Rechne ich das hoch, könnte ich innerhalb einer Stunde fast 20 Produkte registrieren.

Sparfochs-Urteil: Als Aufwand gerade noch okay. Lohnt sich bei Cent-Beträgen aber nicht.

Verschiedene etablierte Schnäppchenblogs listen regelmäßig Gratis-Aktionen auf.

Zum Teil melden Hersteller ihre Freebies, zum Teil übernehmen Portale auch Tipps von anderen (z. B. den Nutzern). Daher tauchen manche Aktionen überall auf. Eine wirklich gute und übersichtliche Liste veröffentlicht regelmäßig *sparwelt.de*. Zu finden sind dort viele Markenartikel. Mitbewerber *schnaeppchenfuchs.com* hat sich für eine gelungene Listendarstellung entschieden: sehr ausführlich, einige Artikel jedoch unbekannt. Es gibt sogar gratis Tiernahrung. Branchenprimus *mydealz.de* lässt die eigene Community mitentscheiden. Gut: Nur beliebte Deals stehen oben, der Rest darunter. Das Portal *Dealdoktor.de* hat ebenso ständig neue Aktionen – die Auswahl fand ich eher beliebig. Optisch nicht ganz so ansprechend ist der Blog *Gutscheine magazin.com*, der trotzdem sehr attraktive Aktionen mit Markenartikeln bietet.

Weitere Gratis-Aktionen finden Sie hier:

http://www.mein-deal.com/kostenloses/
https://www.dealbunny.de/gratis/gratisartikel
http://www.gratisalarm.de/gratis/proben/

Die Wahrheit übers Extreme Couponing

Jede Kassiererin in Mettmann (NRW) kennt sein Gesicht, denn der Mann ist der Coupon-König. Er sagt: »Für meinen Wocheneinkauf bezahle ich etwa 40 bis 45 Euro statt 100. Im Jahr spare ich bis zu 4.000 Euro.« Der Trick des Zwei-fachvaters: Er kombiniert Gutscheine, Rabatte und Coupons so geschickt, dass er richtig spart.

Ich habe mich gefragt: Klappt das wirklich? Und ist so ein »Extreme Couponing« (bekannt aus den USA) auch was für mich?

Tatsächlich funktioniert das auch bei uns. Trotzdem sage ich: leider für die wenigsten von uns. Denn als Coupon-König muss man eine Menge Vorarbeit leisten: Prospekte durchwühlen, Coupons ausschneiden und das Kleinge-druckte lesen und verstehen. Und an der Kasse dann die richtigen Coupons vorzeigen. Das Hobby ist mit richtig viel Aufwand verbunden.

Ich habe es selbst ansatzweise versucht: Im Laden an der Kasse die Einlösung der Coupons überwachen, ob sie rich-tig verrechnet wurden. Das ist Stress. Und wenn mal was schiefläuft, kennt sich die nette Kassiererin nicht aus. Also muss ich zum Marktleiter. Der hört auch meist das erste Mal davon. Klar, er hilft mir – aber ist es das wert?

Und dann häuft der Coupon-König Berge von Konserven, Waschpulver und Klopapier an. Klar, das kann nicht ver-derben, aber bedenken Sie den Aufwand: Sie müssen das transportieren und auch verbrauchen. Und was hinten im Regal steht, gerät leicht in Vergessenheit.

Und auch das müssen Sie wissen: Extreme Couponer müssen die Produkte nehmen, für die es gerade Coupons gibt. Das mag für die Grundausstattung im Haushalt okay sein, aber das Knäckebrot oder die Suppe muss ich halt auch mögen. Was bringt mir die Vorratshaltung, wenn ich doch lieber zu anderen Produkten greife?

Ohne Abzocke: So finden Sie den perfekten Handyvertrag für sich

An Schaufenstern von Telefonläden, in der Plakat- und der Fernsehwerbung sowie im Internet werden wir mit Angeboten von Mobilfunk-Anbietern bombardiert. Und das Handy mit Supervertrag kostet oft nur einen Euro. Zuschlagen? Oder ist die Konkurrenz noch viel besser? Und dann dieser Tarifdschungel …

Ich verspreche Ihnen: Nach Lektüre dieses Kapitels werden Sie durchblicken!

Das müssen Sie wissen:
- ▶ Auch ein Handy für einen Euro zahlen Sie am Ende über den Tarif mit. Niemand hat etwas zu verschenken.
- ▶ Welchen Anbieter Sie nehmen (Telekom, Vodafone oder O2), hängt von Ihrem Budget und dem Wohnort ab. In ländlichen Regionen kann es passieren, dass ausgerechnet Ihr Ort in einem Funkloch eines Anbieters liegt. Dann ist der schöne neue Vertrag rausgeschmissenes

Geld. Fragen Sie Nachbarn nach ihren Erfahrungen. Erkundigen Sie sich bei Freunden und Bekannten.

▶ Selbst wenn Sie in Ihrer Region mobil telefonieren können, sollten Sie das mobile Internet checken. Welcher Anbieter bietet vor Ort schnelles LTE, welcher nur das schnarchlangsame Edge (»E«)? Bundesweit sind laut aktuellen Netztests Telekom und Vodafone vorn, während O2 in ländlichen Regionen die größten Versorgungslücken hat. Umgekehrt können Sie in Städten auch die günstigeren Tarife im O2-Netz nehmen, da hier der Ausbaustatus in der Regel gut ist.

Diese Fragen sollten Sie als Nächstes für sich beantworten:

▶ Sind Sie eher Wenig-Telefonierer oder Normal- bis Viel-Telefonierer? Wer ohnehin nur maximal 100 Minuten pro Monat für eigene Anrufe braucht (das sind immerhin eine Stunde und 40 Minuten) und selten auf dem Handy surft, kann getrost Prepaid- oder sehr günstige 24-Monatsverträge bis 8 Euro wählen. Es wäre Quatsch, für eine Allnet-Flatrate zu zahlen, die man gar nicht braucht.

▶ Wie nutzen Sie das mobile Internet? Sie surfen nur auf dem Handy, schauen keine Videos? Dann reicht in der Regel ein Gigabyte (GB) im Monat – vielleicht sogar weniger. Wer Videos schaut und das Smartphone auch als mobilen Hotspot nutzt, sollte auf Angebote mit 4 GB oder mehr achten.

▶ Handy mitbestellen oder separat kaufen? Eine heikle Frage: Meist stottern Sie das Smartphone über 24 Monate ab – meist über eine erhöhte Grundgebühr. Heißt: Wer 24 Monate lang jeweils 20 Euro draufzahlt, hat am Ende 480 Euro für das Endgerät bezahlt. Bei besonderen Angeboten sparen Sie durch das Handy kräftig. Mit dieser Beispiel-Rechnung können Sie das herausfinden:

Grundgebühr 16,99 Euro × 24 Monate = 407,76 Euro

+ 39,99 Euro Anschlussgebühr

+ 19 Euro für die Hardware

macht 466,75 Euro Gesamtkosten in 24 Monaten.

Jetzt müssen Sie die mitgelieferten Werte abziehen:

– 500 € günstigster Preis für das Smartphone laut Preisvergleich (zum Beispiel Idealo)

– 78 Euro als günstigster Preis für einen z. B. mitgelieferten Kopfhörer.

Ergebnis in diesem Fall: effektiv kostenlos mit sogar 111 Euro Ersparnis gegenüber dem Einzelkauf der Hardware. Ein Topangebot, weil Sie den Mobilfunkvertrag rechnerisch gratis erhalten und Sie sich das Handy mit Kopfhörer sowieso gekauft hätten.

Was sich auch lohnen kann: Sie verkaufen die Hardware über einen seriösen Ankaufhändler (am besten NEU und VERSIEGELT) und sichern sich Bargeld, das Sie wieder gegen Ihre Vertragskosten rechnen. Klar, das Smartphone bringt im Ankauf weniger, aber Sie können Ihre Mobilfunk-Fixkosten oft unter 10 Euro pro Monat senken. Bei Luxusverträgen mit einer Grundgebühr von 50 Euro (inkl. schnelles LTE, Zusatzleistungen wie kostenloses Musik-Streaming etc.) kriegen Sie die Grundgebühr nur auf zirka 30 Euro pro

Monat gedrückt. Bei Originalverträgen von Netzbetreibern sollten Sie darauf achten, dass auch das Internet für zu Hause darüber läuft. Ersparnis im Kombivertrag pro Monat: 10 Euro, macht 240 Euro innerhalb von 24 Monaten.

Wo gibt es Topangebote?

Die besten Tarife finden Sie nicht im Mobilfunk-Shop, sondern auf Schnäppchenportalen im Internet (z. B. *handy hase.de* oder *mydealz.de*). Bei den drei großen Mobilanbietern werden Sie auch oft vergeblich nach echten Schnäppchen suchen. Preislich vorn sind da Discounter (Lidl oder Aldi) oder sogar Reseller (die unter eigener Marke 24-Monats-Verträge verkaufen, zum Beispiel Mobilcom-Debitel).

Ärger im Telefon-Shop – diese Tricks sollten Sie kennen

Macht Sie das auch wütend? Ein Verkäufer dreht Ihnen etwas an, weil Sie vielleicht keine Ahnung haben. Es kann überall passieren: zum Beispiel im Telefon-Shop. Um es klar zu sagen: Die meisten Verkäufer arbeiten seriös und im Interesse des Kunden. Aber einige achten NUR auf ihre Provision. Ich sprach mit Insidern.

Vorsicht vor diesen Verkaufstricks!
▶ Schon beim Betreten eines Mobilfunkshops analysiert der Verkäufer den Kunden: Trägt er gepflegte Kleidung

oder Edelsneaker, kommt häufig nur ein teurerer Tarif auf den Tisch.

▶ Wer als Kunde gleich offenbart, keine Ahnung zu haben, ist ein leichter Fall für den Verkäufer. Er könnte dieser Person eigentlich alles verkaufen.

Tipp: Lieber vorher Freunde fragen oder im Internet recherchieren.

▶ Jeder gute Verkäufer fragt Sie nach Ihrem jetzigen Vertrag. Der Verkäufer schreibt Ihre aktuellen Vertragsdaten klein auf. Daneben die Daten des neuen Vertrags in viel größerer Schrift. Der Kunde nimmt unterbewusst wahr: Durch die größere Schrift wirkt das neue Angebot attraktiver. Diese Methode heißt »Pencil selling« (Verkaufen mit Stift).

Tipp: Fragen Sie immer gleich nach der Grundgebühr!

▶ Ein guter Verkäufer sagt nicht: »Sie haben nun eine Flatrate in alle Netze.« Klingt zu trocken. Nein, er bringt Emotionen rein. Also: »Jetzt können Sie jederzeit mit Ihrer Freundin telefonieren – solange Sie wollen.«

Tipp: Fragen Sie sofort, was das konkret heißt.

▶ Kunden, die das Geschäft verlassen, um noch mal zu überlegen, kommen meist nicht wieder. Gute Verkäufer bieten an, Sie bei der Übernahme Ihrer alten Rufnummer zu unterstützen. »Wie lautet die denn?«, werden Kunden gefragt. Und schon kann der Berater Sie später auch telefonisch erreichen und vom neuen Vertrag überzeugen.

▶ Der Verkäufer lockt Sie mit dem Serviceversprechen: »Wenn was ist, kommen Sie einfach her, und wir helfen Ihnen.« Tatsächlich spart man sich die oft nervige Kunden-Hotline, und ein persönliches Gespräch ist auch angenehmer. Zeitaufwendig ist der Besuch des Ladens aber auch.

▶ Verkäufer versprechen Geschenke oder Kundenvorteile (z. B. an der Hotline). Fast immer verbirgt sich dahinter eine kostenpflichtige Zusatz-Option oder gleich ein neuer Vertrag (habe ich selbst erlebt).

Tipp: Immer sofort nach den Kosten fragen!

▶ Auch sehr beliebt: Im Schaufenster wird das Top-iPhone oder das brandneue Samsung »ab 1 Euro« zu einem Neuvertrag angeboten. Sie fragen danach. Sie könnten als Antwort hören: »In Ihrem Tarif kostet das Gerät 299 Euro.« Der Angestellte des Ladens denkt so: »Weil der/die das beliebte Smartphone unbedingt haben will, ist er/sie auch bereit, mehr zu zahlen.« Sagt aber der Verkäufer: »Wenn Sie den höherwertigen Tarif wählen, gebe ich Ihnen das Samsung oder das iPhone für einen Euro«, hat er wieder mehr Provision verdient!

Tipp: Der Shop hat nichts zu verschenken. Am Ende zahlen Sie das Endgerät mit. Es ist oft billiger, ein Smartphone ohne Vertrag zu kaufen und einen günstigeren Vertrag ohne Endgerät abzuschließen.

▶ Ihnen erscheinen die Preise für Grundgebühr oder Smartphone zu hoch, oder Sie zögern noch? Ein guter Verkäufer bietet Ihnen ein Kabel, eine Hülle oder einen Kopfhörer als Gratiszugabe an. Doch vielleicht brauchen Sie das Zubehör gar nicht.

Tipp: Fragen Sie immer sofort nach anderen, »echten« Rabatten! Der Verkäufer kann immer etwas machen.

Meine ultimativen Tipps zu Mobilfunkverträgen

Tipp 1: Überlegen Sie sich gut, ob Sie wirklich einen Mobilfunkvertrag in einem Shop abschließen wollen. Wer sich als Kunde gar nicht auskennt, sollte sich zunächst einen Experten im Freundes- oder Bekanntenkreis suchen.

Tipp 2: Machen Sie sich vorher klar, was der neue Vertrag bieten soll. Wenn Sie wenig telefonieren, brauchen Sie keine All-Net-Flat. Wenn Sie gerade mal Mails oder das Wetter auf dem Handy checken, brauchen Sie nicht fünf Gigabyte Surfvolumen pro Monat. Wer keine Videos schaut, kommt in der Regel selbst bei regelmäßiger Nutzung locker mit einem Gigabyte aus.

Tipp 3: Handeln Sie im Laden! Der Preis fürs Smartphone oder den Vertrag lässt sich immer drücken. Auch wenn Sie über 28 Jahre alt sind: Verlangen Sie zum Beispiel die speziellen Vertragskonditionen für junge Leute (Schüler, Studenten) auch für sich.

Tipp 4: Checken Sie auf jeden Fall die Preise im Internet. Fast alle Schnäppchenportale wie Mydealz, Schnäppchenfuchs oder Handyhase listen regelmäßig attraktive Angebote auf. Sind diese gut, schließen Sie einen Vertrag über einen seriösen Online-Händler ab. Vorteil: Sie haben die Konditionen immer schriftlich vor sich.

Tipp 5: Auch im Internet gibt es bei Händlern schwarze Schafe. Meine Erfahrung: Die genannten Schnäppchenportale empfehlen nur faire und seriöse Anbieter.

Hier lohnt sich der Kauf
in Auslands-Shops

Okay, für Deutschland haben wir Preissuchmaschinen wie Idealo. Aber was taugen die Preise im EU-Ausland? Dieselbe Währung, einheitliche Qualitätsstandards – aber die Versandkosten sind meist deutlich höher.

Können seriöse Auslands-Shops mit unseren Preisen mithalten? Seit das EU-Parlament im Dezember 2018 das Geoblocking im Onlinehandel abgeschafft hat, sind Shops dazu verpflichtet, allen Kunden innerhalb der EU ihre Produkte zu denselben Bedingungen anzubieten. Das sogenannte Cross-Border-Shopping sollte dadurch erleichtert werden. Allerdings bleiben ein paar Haken, denn die Shops sind NICHT verpflichtet, ihre Waren auch ins Ausland zu liefern. Tun sie es doch, können die Lieferbedingungen, wie zum Beispiel Versandkosten, je nach Land stark variieren.

Die Kollegen von Idealo haben deshalb anhand einer Stichprobe beliebter Produkte überprüft, wie günstig deutsche Anbieter im Vergleich sind. Verglichen wurden die jeweils günstigsten Angebote bei Idealo.de für insgesamt 60 Produkte in Österreich, Frankreich, Spanien, Großbritannien und Italien.

Das Ergebnis: Deutsche Onlineshops müssen sich im europäischen Preisvergleich keinesfalls verstecken – ganz im Gegenteil! Bei 60 Stichproben war in 32 Fällen ein deutscher Shop am günstigsten, das entspricht etwas mehr als der Hälfte, nämlich 53 Prozent.

Knapp die andere Hälfte der untersuchten Produkte wurde in ausländischen Shops prinzipiell günstiger angeboten (46 Prozent). Jedoch schickt davon wiederum nur die Hälfte ihre Waren auch nach Deutschland (14 Shops, 23 Prozent).

Die Details:

▶ Vor allem für Produkte in den Kategorien Lautsprecher (ca. 55 Prozent), Fernseher (ca. 83 Prozent), Lego (zu 100 Prozent in der Stichprobe) und Staubsauger (ca. 88 Prozent) sind deutsche Onlineshops im Vergleich günstig.

▶ Das zweithäufigste Ergebnis (14 von 60 Stichproben, ca. 23 %): Im Technikbereich kommt es besonders häufig vor, dass ein ausländischer Shop günstiger ist, der allerdings nicht nach Deutschland liefert.

▶ Ein ausländischer Shop ist ohne Versand zwar günstiger, jedoch mit Versandkosten nach Deutschland wiederum teurer als der günstigste Anbieter bei Idealo (inkl. Versand).

▶ In 5 % der Fälle ist ein ausländischer Shop auch inklusive Versand nach Deutschland am günstigsten.

Das müssen Sie beachten:

Bei technischen Produkten wie Smartphones, Smartwatches, Kopfhörern oder Fernsehern sollte zusätzlich beachtet werden, dass die im Ausland bestellten Artikel nicht für den deutschen Markt produziert wurden. Die Menüsprache des

Geräts ist in solchen Fällen zum Beispiel auf die Sprache des Verkaufslandes voreingestellt; auch fehlt häufig eine deutsche Bedienungsanleitung.

Diese Abos können Sie sich sparen

Für fast alles gibt es heutzutage Abos bzw. Verträge mit längerer Bindung: Musik, Sport, Online-Shopping oder Internet. Relativ neu sind Abos für Autoinspektionen oder Druckertinte. Klar, die Firmen wollen Kunden langfristig binden. Aber lohnt sich das auch für uns Verbraucher? Oder ist ein Einzelkauf eigentlich günstiger? Es kommt darauf an. Mein knallharter Abo-Check:

Druckertinte

Der deutsche Drucker-Marktführer Hewlett-Packard (HP) bietet ein Abo für Patronen gängiger HP-Tintenstrahldrucker an. Diese werden per Post gratis geliefert. Der vernetzte Drucker erfasst die Zahl der gedruckten Seiten. Startpreis: 50 Seiten für drei Euro, macht sechs Cent pro Seite. 15 Seiten pro Monat sind gratis. Der Tintenlieferservice kann monatlich gekündigt werden.

Sparfochs-Urteil: Preiswert, wenn man mit Originalpatronen des Herstellers drucken will. Aber: Deutlich teurer im

Vergleich zu No-Name-Patronen (wenn diese in HP-Druckern funktionieren).

Fitnessstudios

Sparfochs-Urteil: Wer regelmäßig zweimal die Woche zum Sport geht, für den lohnen sich Langzeitverträge. Aber Achtung: Sind Sie sich nicht sicher, fahren Sie mit Einzelkarten besser. Fragen Sie bei Ihrem Studio nach. Der Anbieter Fitfox bietet Karten vieler namhafter Klubs ohne Vertrag an.

Musik

Digitale Abos von Amazon, Apple, Deezer oder Spotify gibt's für zehn Euro oder weniger im Monat.
Sparfochs-Urteil: Musik-Abos sind günstiger, als regelmäßig CDs zu kaufen. Nachteil: Kündige ich, sind meine Titel weg. Extremsparer nutzen nacheinander die Gratismonate verschiedener Anbieter, müssen aber zum Beispiel Titellisten immer neu erstellen.

Autoinspektionen

Im Kampf gegen Günstig-Werkstätten kommen Autohersteller mit Flatrates. Beispiel Skoda: Der Monatsbeitrag für einen Fabia liegt bei 29 Euro. Macht 348 Euro im Jahr inklusive neuer Ölfilter, Bremsflüssigkeit etc. Die Inspektion beim Skoda-Partner ist sonst oft deutlich teurer.

Aber: Lange Vertragslaufzeiten (24 bis 48 Monate). Der Kontrakt endet allerdings, wenn ich das Auto verkaufe oder nach einem Unfall verschrotte.

Sparfochs-Urteil: Gutes Angebot für Fahrer, denen der Vertragshändler wichtig ist. Wer lieber zu unabhängigen Werkstattketten (zum Beispiel ATU) geht, zahlt dort ab 150 Euro pro Inspektion. Allerdings: Beim Test von AUTO BILD offenbaren die Anbieter Mängel. Beim Werkstatt-Check fiel zum Beispiel Euromaster durch.

Versandkostenpauschale

Amazon verlangt 69 Euro (inkl. gratis Musik & Videos), Ebay 20 Euro pro Jahr (inkl. Rabatt für ausgewählte Artikel).

Sparfochs-Urteil: Lohnt sich nur für treue Kunden. Bei Amazon ist die Lieferung nur in Ballungszentren schneller, bei Ebay hängt's vom Händler ab. Wer seltener bestellt und auch keine Gratisvideos schaut, kann sich das Geld sparen, da beim Online-Shopping ohnehin oft keine Versandkosten anfallen.

Überlegen Sie sich gut, ob Sie ein Gerät mieten

Ist Ihnen das auch schon aufgefallen? Beim Versandriesen Otto sowie den Technik-Ketten Conrad und Media Markt kann man hochwertige Technik auch mieten. Ich habe diese Angebote auf der Suche nach Schnäppchen immer ignoriert – wahrscheinlich zu Recht! Denn wer nicht aufpasst, macht einen schlechten Deal.

Vorsicht: In etlichen Fällen ist die Summe, die Sie etwa in zwölf Monaten zahlen, nur ein wenig niedriger als der Kauf zum Neupreis.

Ein Beispiel: Beim Vermieter Grover kostete das iPhone Xs mit 256-Gigabyte-Speicher bei Redaktionsschluss dieses Buches bei einmonatiger Mietzeit 129 Euro. Ich finde: Selbst zum Testen zu teuer! Miete ich das Smartphone für zwölf Monate, zahle ich noch 70 Euro × 12 = 840 Euro.

Aber das Gerät gehört mir nicht einmal. Zum Vergleich: Das Gerät hatte einen Kaufpreis von um die 1.000 Euro. Verkaufe ich es nach normaler Nutzung in einer Schutzhülle nach 12 Monaten, würde ich bei professionellen Ankaufdiensten (nicht Ebay) höchstwahrscheinlich noch um 700 Euro bekommen. Letztlich hätte ich in 12 Monaten rechnerisch nur 300 Euro statt 840 Euro bezahlt – über 60 % gespart.

Ich habe einmal versucht, Szenarien zu finden, bei denen sich Mieten lohnt:

- Sie brauchen für Ihren Urlaub eine Action Cam – und danach nie wieder.
- Nur während der nächsten Fußball-EM oder -WM brauchen Sie einen Beamer.
- Sie sind freiberuflicher Fotograf und brauchen die Profi-Ausrüstung nur für einen einzigen Auftrag.
- Sie möchten das neue iPhone gerne mal einen oder drei Monate testen und dann auf jeden Fall zurückgeben. Denn: Sollten Sie begeistert sein, KAUFEN Sie sich dann lieber ein Neu- oder Gebrauchtgerät.
- Sie wollen erst mal testen, ob ein E-Roller was für Sie ist.

Sparfochs-Fazit: Mieten lohnt sich nur, um neue Technik über ein bis drei Monate auszuprobieren. Vorsicht: Langzeitmieten sind meistens deutlich teurer als Kaufen.

Medikamente viel günstiger bekommen – es klappt!

Bereits jeder Dritte in Deutschland kauft Medikamente regelmäßig online. Auch ich habe die wichtigsten rezeptfreien Medikamente für den Fall der Fälle zu Hause. Ich muss ja nicht bei jedem Zipperlein gleich zum Arzt rennen. Aber wie spare ich bei Arzneien?

In diesen Fällen ist die Apotheke um die Ecke günstiger:
- Ich brauche schnell ein Medikament.

▶ Ich bin sowieso in der Innenstadt und brauche noch 20 Kopfschmerztabletten, für die ich online oft Versandkosten zahlen muss.

In diesen Fällen sparen Sie massiv bei Internetbestellungen:

▶ Ich brauche einen größeren Vorrat oder möchte meine Hausapotheke auffüllen. Dann spare ich bis zu 44 Prozent (!) im Vergleich zur örtlichen Apotheke, wie Deutschlands größtes Preisvergleichsportal Idealo ermittelt hat. Idealo verglich den Kauf von zwölf gängigen rezeptfreien Medikamenten (zum Beispiel Schmerzmittel, Magen-Darm-Präparate, Antiallergikum) als Ausstattung für die Hausapotheke. Laut Apothekenverkaufspreis (AVP) kosten die zwölf Mittel insgesamt 230,32 Euro. Der günstigste Internetpreis für ALLE Arzneien liegt bei nur 142,19 Euro inklusive Versand. Ersparnis: 38 Prozent, wenn ich die Einzelprodukte jeweils beim billigsten Online-Versender bestelle.
Den jeweils günstigsten Preis inklusive Versand boten die Volksversand-Apotheke (4-mal), Apotal (3-mal) und VersandApo (2-mal).
Die größte Ersparnis zum AVP gab es bei »Lorano«-Allergietabletten von Hexal: satte 60 %. Interessant: Die laut Idealo beliebtesten Versandapotheken DocMorris, Apo, Apolux, Eurapon sowie Aponeo bieten gute, aber nicht die besten Preise.

▶ Es muss nicht immer das Original sein: Sparen Sie mit Generika, das sind meist unbekanntere Marken, die denselben Wirkstoff enthalten. Bei gängigen Arzneien er-mittelte Idealo eine durchschnittliche Ersparnis von 32 Prozent.

Diese Verkaufstricks sollten Sie kennen:

▶ Achten Sie mal darauf: Im Regal hinter dem Apotheker stehen – immer gut beleuchtet – die Markenprodukte, aber selten die Generika.

▶ Lockangebote auf der Homepage oder in der Werbung sollen Kunden anlocken. Viele andere Medikamente sind aber nicht reduziert und zum Teil 100 % teurer als bei der Konkurrenz.

▶ Versandkosten lassen sich teilweise nur bei Großbestel-lungen z. B. ab 75 Euro umgehen – für viele schwer zu erreichen.

Geld zurück! So werden Sie zum Reklamationsprofi

Reklamationen – ein nerviges Thema. Aber: Zumindest in den ersten sechs Monaten nach Kauf ist das Recht komplett auf Ihrer Seite. Dann müsste nämlich der Verkäufer bewei-sen, dass das Produkt bei Lieferung mängelfrei war. Das wird der Firma kaum gelingen, also ist es eigentlich für Sie ein leichtes Spiel.

Trotz der klaren Rechtslage haben Händler aber einige Tricks auf Lager, um sich Aufwand zu ersparen:

Drohung mit Servicegebühr bei Reklamation

Eine solche Gebühr ist in den ersten 24 Monaten nach dem Kauf nicht erlaubt. Auch nicht, wenn sich rausstellt, dass Sie selbst für den Schaden verantwortlich waren. Das Oberlandesgericht Düsseldorf (Az.: 6U 161/98) und das Oberlandesgericht Hamm (Az.: 13U 71/99) haben daher Klauseln im Kleingedruckten als unwirksam angesehen, wonach der Kunde die Kosten für die Fehlersuche tragen sollte, so die Verbraucherzentrale. Probleme können dann auftreten, wenn sich die Reklamation als unberechtigt herausstellt. Nach einer Entscheidung des Bundesgerichtshofes (BGH) (Az.: VIII ZR 246/06) kann der Verkäufer unter Umständen Schadensersatz verlangen. Dies gilt, wenn der Kunde den Fehler selbst zu verantworten hat. Daher mein **Tipp:** Checken Sie erst mal selbst, was der Grund sein könnte. Bei einem Smartphone, das ins Wasser gefallen ist, sollten Sie beispielsweise nicht auf Gewährleistung pochen.

»Wenden Sie sich an den Hersteller!«
Für die Behebung von Mängeln ist der Verkäufer Ansprechpartner. Allerdings: Hin und wieder wickeln Hersteller Austausch und Reparatur viel schneller ab als ein Händler.

Der Verkäufer will das Gerät reparieren, Sie wollen aber einen Austausch.

Sie als Verbraucher können wahlweise, nach eigenem Interesse, verlangen, dass die mangelhaft gelieferte Ware entweder repariert beziehungsweise die defekten Einzelteile ausgetauscht werden (Nachbesserung) oder direkt ein neues Gerät geliefert wird (Nachlieferung). Einzige Einschränkung: Der Verkäufer kann eine Art der Nacherfüllung verweigern, wenn diese mit unverhältnismäßigen Kosten verbunden ist.

Beispiel: Der Austausch des defekten Keilriemens bei einem Neuwagen ist ein geringer Aufwand. Dagegen ist die Ersatzlieferung eines ganzen Fahrzeugs unverhältnismäßig.

Die Reparatur dauert ewig.

Lassen Sie sich nicht weiter vertrösten: Sie haben sofort Anspruch auf Ersatz. Bei einer Reklamation innerhalb der Gewährleistungsfrist sollten Sie dem Verkäufer immer eine Frist setzen, in der die Ware entweder repariert oder durch ein neues Produkt ersetzt wird. Eine Frist zwischen einer und zwei Wochen ist hierbei in den meisten Fällen angemessen.

»Bei uns gibt's die Extragarantie!«

Lassen Sie sich nicht täuschen, denn eine Garantie ist eine freiwillige Leistung mancher Händler und Hersteller, die aber oft an Bedingungen gekoppelt ist. Lesen Sie das Kleingedruckte. Nicht mit Gewährleistung verwechseln! Wichtig: Wasserschäden und Stürze sind selbst verschuldet, daher muss der Verkäufer dafür nicht geradestehen.

Auch das sollten Sie beachten:

▸ Ihr Ansprechpartner im Geschäft oder an der Hotline kann persönlich nichts dafür, dass Ihr Gerät einen Defekt hat. Daher freundlich bleiben, aber trotzdem den Eindruck vermitteln, dass Sie Ihre Rechte kennen.

▸ Bleiben Sie im Gespräch klar: Sprechen Sie immer von Gewährleistung und NICHT von Garantie. Sagen Sie, was Sie vom Händler erwarten. Nicht schwafeln oder über Gefühle sprechen.

▸ Lassen Sie sich nicht in die Irre führen: Selbst wenn ein reduzierter Artikel vom Umtausch ausgeschlossen ist, gilt trotzdem die gesetzliche Gewährleistung.

▸ Defekte Ware sollte am besten immer schriftlich reklamiert werden. Beschreiben Sie in einem Brief oder per E-Mail die aufgetretenen Mängel möglichst genau. Wird im Geschäft mündlich reklamiert, ist es hilfreich, eine Notiz über das Gespräch anzufertigen: Den Namen des Gesprächspartners, Datum, Reklamationsgründe und das Ergebnis des Gesprächs inklusive gesetzter Fristen sollten Sie dabei festhalten.

▸ Wenn Sie sich ärgern, können Sie dem Unternehmen auch über Social Media (Facebook, Google) schreiben. Aber Vorsicht: Sie dürfen nur Tatsachen behaupten, die auch stimmen. Bei sachlich falschen Bewertungen oder Kommentaren schalten einige Firmen Anwälte ein, die gegen Sie vorgehen und eine Unterlassungserklärung fordern. Das kostet oft Hunderte Euro.

▶ Reagiert der Verkäufer innerhalb der gesetzten Frist nicht oder scheitern wiederholte Reparaturversuche, können Sie weitere Rechte geltend machen. So können Sie etwa vom Vertrag zurücktreten oder auch verlangen, dass der Kaufpreis reduziert wird. Bei unerheblichen Mängeln können Sie ebenfalls auf einen herabgesetzten Kaufpreis pochen, nicht aber vom Vertrag zurücktreten, so die Verbraucherzentrale.

Der große Sparfochs-Reklamationstest

Laut einer aktuellen Umfrage der Verbraucherzentralen stellten 74 Prozent der befragten Kunden einen Mangel an ihrer Ware fest – und das innerhalb der ersten 24 Monate. Die meisten Defekte (75 Prozent) traten bei Elektronikprodukten auf. Das bittere Ergebnis: 51 Prozent der Befragten hatten Probleme bei der Durchsetzung ihrer Gewährleistungsansprüche.

Ich habe den Test gemacht, indem ich bei 15 zufällig ausgewählten wichtigen Unternehmen aus Bereichen wie Handel, Reisen und Telekommunikation reklamierte.

Technikprodukte
Amazon: Sehr einfache Reklamation per Telefon. Eindruck: Im Zweifel für den Kunden. Schnelle Erstattung bei eher geringwertigen Artikeln.

Apple: Reklamation im Shop sehr leicht, selbst bei kleinen Kratzern auf einer Uhr gab's gleich ein neues Modell. Reklamation per Telefon komplizierter, da ich alle notwendigen Serien- und Modellnummern bereithalten musste.

Cyberport: Der Technik-Händler erweckt in E-Mails den Eindruck, dass nur der Hersteller und NICHT Cyberport die Reklamation zeitnah erledigen kann: »In Ihrem Fall bietet der Hersteller einen sehr guten Endkundenservice.« Leider war die Hotline von Bang & Olufsen im Testzeitraum nicht zu erreichen. Erst auf meinen konkreten Wunsch hin teilte mir Cyberport die eigenen Modalitäten mit. Ein entsprechendes Reklamationsformular ist laut Verbraucherzentrale Berlin an mehreren Stellen »missverständlich formuliert«. Cyberport teilte auf meine Nachfrage mit: »Wir kommunizieren mit unseren Kunden ehrlich und transparent.«

Saturn: Der Elektronik-Riese war sofort bereit, die Reklamation selbst abzuwickeln. Die ausgetauschte Ware wurde jedoch an eine unbekannte Adresse zugestellt, sodass ich mehrere Formulare ausfüllen musste, bis ich das Geld erstattet bekam. Hoffentlich ein Einzelfall …

Mobilfunk

Telekom: Bei offensichtlichen Fehlern z. B. in der Rechnung reagiert der Anbieter schnell; bei der unberechtigten Berechnung für einen neuen Hausanschluss von 800 Euro dauerte die Bearbeitungszeit bei mir einen ganzen (!) Monat. Viele Vertröstungsmails, bis die Telekom den Berechnungsfehler kleinlaut einräumte.

Vodafone: Sehr kulanter Kundenservice, bei komplizierten Sachverhalten Beschwerden lieber schriftlich einreichen.

Reisen

Eurowings: Steuern und Gebühren von Flügen, die ich nicht antreten konnte, wurden ohne Abzüge erstattet (etliche Tage Wartezeit bei schriftlicher Reklamation).

Easyjet: Auch hier wollte ich Steuern und Gebühren erstattet bekommen. Das hat der Billigflieger in den AGB jedoch ausgeschlossen. Erstattungen, zu denen Easyjet gesetzlich verpflichtet ist, wurden aber ausgezahlt.

Ryanair: Sehr lange Wartezeit, Online-Formulare größtenteils auf Englisch.

Swissair: Im Testfall versuchte die Airline, mich und meinen Vater bei einem Flugausfall wegen technischen Defekts abzuwimmeln. Eine Entschädigung laut EU-Recht von 250 Euro wäre hier fällig gewesen. Swissair lehnte auf meine Anfrage eine Stellungnahme ab. Von einem Servicemitarbeiter erfuhr ich: »Ein Fehler einer Mitarbeiterin, wir zahlen doch.«

Möbel

IKEA: Sehr einfache Reklamation, zum Teil aber Wartezeiten im Möbelhaus. Wer nicht zufrieden ist, kann innerhalb von 365 Tagen die Möbel zurückbringen und kriegt den vollen (aktuellen) Kaufpreis erstattet.

Höffner: Keine Probleme! Wenn innerhalb des ersten Jahres nach Kauf irgendetwas an den Möbeln zu justieren ist, erledigen die Monteure das kostenfrei.

Lebensmittel

Aldi: Sehr einfach! Sofort Tausch gegen Neuware.

Lidl: Waren werden im Laden sofort umgetauscht. Online Gekauftes konnte ich kostenfrei einsenden.

Edeka: Ich bekam sofort mein Geld zurück.

Online-Shops mit guten Bewertungen sind meist teurer

Jeder Online-Shopper weiß es: Gute Shop-Bewertungen geben ein gutes Gefühl. Auch für mich sind sie – bei gleichem Preis – letztlich ausschlaggebend. Das nutzen etliche Händler offenbar gnadenlos aus. Idealo hat Zehntausende Preise gecheckt. Das bittere Ergebnis für uns Kunden: Top-Shops in Bezug auf Anzahl und Höhe der Bewertungen sind 10 bis 15 Prozent teurer als Händler mit schlechten oder verhältnismäßig wenigen Bewertungen. Es gibt jedoch Ausnahmen: Bei Smartphones sind die Shop-Bewertungen meistens egal. Die Konkurrenz ist einfach zu groß, die Gewinnmargen zu gering.

Die Analyse-Ergebnisse

Wearables

Fitnesstracker und Smartwatches werden immer beliebter. Die Anzahl der Hersteller und verfügbaren Modelle wächst.

Dennoch scheint die Konkurrenz unter den Händlern noch geringer zu sein als bei anderen Elektronikgeräten. In der Idealo-Stichprobe waren Shops mit schlechteren oder wenigen Bewertungen durchschnittlich 14 Prozent (im Durchschnitt 30,34 Euro über alle Produkte) günstiger. Die Fitbit Charge 2 fiel mit 18 Prozent Preisunterschied besonders auf.

Gaming (Videospiele und Konsolen)

Auch im Bereich Gaming machen gute Bewertungen offenbar einen Preisunterschied. Rund 14 Prozent teurer war der Top-Shop im Vergleich zum günstigsten Shop.

Möbel

Einen deutlichen Unterschied hat die Preis-Stichprobe bei Möbeln aufgedeckt. Durchschnittlich 18 Prozent waren Shops mit wenigen, zum Teil gar keinen oder eher mittelmäßigen Bewertungen günstiger als der erste Idealo-Top-Shop in der Angebotsliste. Das Babybett »Chicco Next2Me Dusty Green« konnte im günstigsten Shop für 30 Prozent (fast 70 Euro) weniger gekauft werden. Der Sessel »MCA Furniture Calgary« kostete beim günstigsten Shop gar 41 Prozent – ganze 276 Euro – weniger als beim Top-Shop mit Bestnoten. Der günstigste Shop hatte hier zwar auch 4,9 Sterne, allerdings »nur« 242 Bewertungen. Marktplatz Real.de wartet hingegen mit über 30.000 Bewertungen auf. Auch Otto.de war angesichts seiner Topnoten bei den Beispielen der Stichprobe nie der billigste Anbieter.

Fototechnik

Der Fotobereich ist eher klein – dementsprechend sind viele Shops klein, spezialisiert und haben zudem wenige Bewertungen. Ich denke: Wer weiß, woher die Kamera bei einem sehr günstigen Shop kommt? Und liefert der überhaupt? Die etablierten und gut bewerteten Shops können diesen Vorsprung im Preis einbringen. Rund 10 Prozent sind sie teurer als die jeweils günstigsten Shops. Fast 30 Prozent Preisunterschied konnten die Preisprüfer von Idealo bei der Nikon D5600 Kit 18–55 mm VR ausmachen.

Telekommunikation (Smartphones)

Hier funktioniert es offenbar kaum, den Preis wegen guter Bewertungen hochzusetzen. Die Konkurrenz der Shops ist zu stark. Einige Beispiele zeigen jedoch, dass Shops mit Bestnoten durchaus teurer sind. Bei ausgewählten Geräten lag der Preis bei den jeweiligen Top-Shops durchschnittlich 9 Prozent über dem günstigsten Shop.

Fazit: Auch wenn es Ausnahmen von der Regel gibt, gilt: Viele gute Bewertungen = teurer. Die unabhängige Idealo-Stichprobe konnte für einige Kategorien feststellen, dass Bewertungen und Preis miteinander verknüpft sind.

Mein Tipp: Gerade beim Kauf besonders teurer Elektronikartikel oder bei Produkten, bei denen möglicherweise ein Widerruf erfolgen könnte, sollten Sie vor der Bestellung auch einen Blick auf die Bewertungen werfen. Hier tummeln sich viele gut bewertete Händler auf dem Markt, aber leider auch der eine oder andere Abzocker. Wenn Sie sich nicht sicher sind: bei der Bezahlung immer mit Kreditkarte oder Paypal zahlen, dann kriegen Sie höchstwahrscheinlich Ihr Geld zurück, wenn der Händler nicht liefert.

REISE

So sparen Sie Extragebühren! Die Abzocktricks der Online-Reisebüros

Im Internet kämpfen viele Online-Reisebüros (in der Fachwelt OTAs genannt) um Kunden – oft mit schmutzigen Tricks. Ihr wichtigstes Ziel: Bei Flugpreissuchen wie Momondo.de, Flug.idealo.de oder Kayak.de immer als günstiger Anbieter oben zu stehen. Ich habe Testbuchungen bei verschiedenen Anbietern gemacht. Dabei wurden diese dreisten Abzockertricks deutlich:

Trick 1: Während des Buchungsvorgangs werden Kunden mit Extra-Angeboten bombardiert. Gerade bei Versicherungsleistungen werden Kunden bewusst eingeschüchtert. Sie müssen oft anklicken: »Ich gehe das Risiko ein.« Und wer will schon gern ein Risiko eingehen? Die Masche: Die Versicherungen sind oft überteuert und nutzlos. Und wer liest schon das Kleingedruckte?

Trick 2: Für Service muss man extra bezahlen: Kompetente Hilfe per Telefon kriegt nur, wer ein Servicepaket ab 10 Euro (gern auch deutlich mehr) während der Buchung abgeschlossen hat. Und die Callcenter sitzen trotz deutscher Festnetznummer meistens im Ausland – das Deutsch der Mitarbeiter ist mitunter dürftig.

Trick 3: Es gibt überall dubiose Servicegebühren: Die Bestätigung der Flugbuchung per SMS kostet 2,90 Euro extra. Wer die »falsche« Kreditkarte hat, zahlt 30 Euro und mehr. Sogenannte Zahlgebühren sind in der EU nicht mehr erlaubt, Servicegebühren schon. Und schon heißt die Zahlgebühr – nicht schwer zu erraten – Servicegebühr. Auch beliebt: Wer einen Flug nicht antreten kann, hat Anspruch auf die Rückerstattung von Steuern und Gebühren. Doch eine merkwürdige Servicegebühr fraß die Erstattung bei meinen Tests immer auf.

Trick 4: Zusatzleistungen wie Gepäck oder Sitzplatzreservierungen sind bei Online-Reisebüros oft teurer als bei der Airline selbst.

Trick 5: Durch perfektes Online-Marketing werden die ausländischen Reisebüros in Google-Listen immer oben angezeigt. Beispiel: Ich suche nach »Easyjet buchen«. Erster Treffer ist eine Anzeige von Opodo, danach wird zwar die Easyjet-Seite angezeigt, aber auch die zahlreicher Tickethändler. Wer da nicht aufpasst (zum Beispiel unerfahrene Nutzer), bucht bei denen statt bei der Airline direkt.

Trick 6: Wenn Sie auf den Button BUCHEN klicken, heißt das nicht immer, dass auch sofort das Ticket gekauft und damit der Preis gesichert ist. Es kann passieren, dass Sie nur einen Buchungsauftrag erteilen. Das heißt: Das Ticket selbst wird Stunden später gebucht. Da kann der

Preis schon längst höher sein. Der Kauf wird in diesem Fall zwar gestoppt, das Schnäppchen ist aber auch weg.

Normalerweise wäre mein **Tipp:** Bloß nicht bei Opodo, AirNGo, Edreams oder CheapTickets buchen! Weil diverse Nebenkosten den Preis hochtreiben. Aber als **Sparfochs** sage ich: Wer die miesen Maschen kennt, kann bei den OTAs trotzdem tolle Flugschnäppchen rausholen.

Die Tickets werden nämlich im Ausland eingekauft, das Sparpotenzial ist daher enorm. Einen Langstreckenflug für 750 Euro (direkt gebucht bei der Airline) kriegen Sie bei den OTAs mitunter 50 bis 120 Euro billiger, wenn Sie mit der richtigen Kreditkarte zahlen. Schnäppchen-Experten nutzen dazu noch ausländische Metasuchmaschinen wie Jetcost.es (Spanien), Jetcost.ie (Irland) oder Monondo.dk (Dänemark), um den Preis noch weiter zu drücken. Lassen Sie sich mit Google die jeweiligen Seiten übersetzen.

Aber Ihnen muss auch klar sein: Haben Sie sich beim Namen des Passagiers vertippt, wollen Sie umbuchen oder Steuern und Gebühren zurück, werden Sie große Probleme haben. Auf Mails kriegen Sie keine oder standardisierte Antworten, die Hotline ist überlastet, Sie werden von einem Mitarbeiter zum nächsten verbunden.

Mein Tipp: Wer sich sicher ist, dass er einen Flug auch antritt, und alle angebotenen Sonderleistungen ignoriert, kann echte Schnäppchen machen. Wer im Fall der Fälle nicht seinem Geld hinterherrennen will, sollte dagegen bei den Airlines direkt buchen.

Auf den Start-Airport kommt es an: die billigsten Flugrouten

Es ist verrückt: Die Berliner freuen sich über Flugtickets für teilweise 20 Euro pro Strecke (nach Mallorca, Düsseldorf oder Polen) – und 200 Kilometer weiter in Leipzig verlangen Airlines Wucherpreise. Warum? Weil es dort keine Konkurrenz gibt. Und vermutlich holt sich Eurowings in Leipzig das Geld wieder rein, das sie bei umkämpften Airports draufzahlt. Doof für den, der am falschen Ort wohnt.

Wie heftig die Preisunterschiede sind, hat für mich das Preisvergleichsportal Idealo analysiert. Dazu wurden Zehntausende Ticketpreise verglichen. Daraus entstanden jeweils Durchschnittspreise (immer hin und zurück) für innerdeutsche und Europa-Verbindungen. Es wurde der Durchschnitt der günstigsten Strecken berechnet. Also vom Ticket für zehn Euro bis zum teuersten Mallorca-Ticket in den Sommerferien. Es wurden nicht nur Direktflüge berücksichtigt.

Die billigsten deutschen Airports bei Europaflügen

Platz eins geht an den Flughafen in Frankfurt-Hahn im Hunsrück, der Billig-Basis für viele Ryanair-Flüge ist. Bitter, wer von Friedrichshafen oder Schlusslicht Mannheim in den Urlaub fliegen muss: Die Tickets sind im Schnitt mehr als viermal so teuer.

Abflughafen Durchschnittspreis (immer Return-Ticket)

Frankfurt-Hahn 48,68 Euro

Weeze 54,99 Euro

Memmingen 55,97 Euro

Karlsruhe 62,32 Euro

Berlin-Schönefeld 70,95 Euro

Köln/Bonn 109,90 Euro

Berlin-Tegel 111,67 Euro

Hamburg 118,37 Euro

München 125,33 Euro

Frankfurt 125,47 Euro

Düsseldorf 127,09 Euro

Stuttgart 144,00 Euro

Bremen 163,45 Euro

Dresden 168,91 Euro

Hannover 172,51 Euro

Dortmund 202,49 Euro

Leipzig/Halle 206,67 Euro

Münster/Osnabrück 219,97 Euro

Paderborn 234,00 Euro

Friedrichshafen 235,00 Euro

Mannheim 302,89 Euro

Die günstigsten Flughäfen bei innerdeutschen Verbindungen

Interessant: Kleineren Flughäfen wie Karlsruhe und Nürnberg kommen die wenigen innerdeutschen Eurowings-Verbindungen (zum Beispiel nach Berlin) zugute. Großflughäfen wie München oder Düsseldorf waren aufgrund der teureren Monopolstrecken im Schnitt teurer. Airports wie Weeze und Hahn fehlen, da es von dort keine innerdeutschen Strecken gibt. Verrückte Umsteigeverbindungen, zum Beispiel über Palma nach Berlin, wurden nicht berücksichtigt.

Abflughafen Durchschnittspreis (immer Return-Ticket)

Berlin-Tegel 62,72 Euro

Nürnberg 69,23 Euro

Köln/Bonn 71,72 Euro

Karlsruhe 72,78 Euro

Hamburg 77,41 Euro

Düsseldorf 92,58 Euro

Stuttgart 94,65 Euro

Berlin-Schönefeld 98,99 Euro

Dresden 101,75 Euro

München 111,14 Euro

Frankfurt 114,12 Euro

Hannover 122,50 Euro

Bremen 133,37 Euro

Leipzig/Halle 139,52 Euro

Münster/Osnabrück 152,03 Euro

Dortmund 271,60 Euro

Mannheim 302,89 Euro

Mein Fazit: Krass, welche Preisunterschiede wir Flugreisenden schlucken müssen. Alternative für Sparfüchse: mit Auto oder Bahn zum nächsten Günstig-Airport fahren. Innerdeutsch ist von Mannheim oder Leipzig die Bahn (fast) immer billiger. Und klimaschonender ist sie ohnehin.

Die billigsten Flugrouten Deutschlands

Die Flugpreise in der Hochsaison machen mich immer wütend: nach Ibiza hin und zurück bis zu 600 Euro pro Person, nach Kreta für nur etwas weniger. Klar, die Nachfrage lässt die Preise explodieren.

Mein Spar-Tipp: Lassen Sie sich nicht ausnehmen! Tun Sie Ihrem Geldbeutel (und der Seele) was Gutes und starten Sie bereits im Februar oder März in den herrlichen Sonnenfrühling nach Spanien, Portugal oder Griechenland.

Oft verboten billig: Sonne tanken im Winterhalbjahr auf Mallorca! Hinflug 10 Euro, zurück 20 Euro. Das Hotel (drei Sterne) gibt's für unter 50 Euro, nur die Sangria für 4,50 Euro ist nicht günstiger als im Sommer.

Damit Sie nicht zu viel zahlen: Der Flug-Preisvergleich von Idealo hat für mich exklusiv die günstigsten europäischen Strecken ab deutschen Airports innerhalb der letzten zwölf Monate recherchiert (immer hin und zurück, inkl. Steuern & Gebühren). Hier sehen Sie, von wo aus Sie Ihr Traumziel am günstigsten erreichen:

Abflughäfen im Vergleich

Günstigste Abflughäfen pro Destination mit einer Ersparnis von mind. 70 % gegenüber dem Durchschnittspreis

Abflughafen	Zielflughafen	Günstigster ø-Preis in €	ø-Referenzpreis in €	prozentuale Abweichung
Hamburg	Brüssel	24,06	162,60	− 85,2
Köln/Bonn	London-Stansted	26,30	100,14	− 75,73
Köln/Bonn	Berlin-Schönefeld	27,80	224,02	− 85,59
Berlin-Schönefeld	Budapest	29,20	164,03	− 82,2
Köln/Bonn	Mailand-Bergamo	32,19	212,45	− 84,85
Nürnberg	Tuzla	37,40	148,14	− 74,75
Berlin-Schönefeld	Bukarest	38,03	153,37	− 75,2
Memmingen	Banja Luka	38,89	498,91	− 92,2
Berlin-Schönefeld	Sofia	39,72	192,41	− 79,36
Berlin-Schönefeld	Billund	42,31	202,18	− 79,12
Memmingen	Podgorica	42,60	268,00	− 84,11
Memmingen	Warschau-Modlin	42,71	198	− 78,43
Berlin-Schönefeld	Riga	43,77	177,86	− 75,39
Köln/Bonn	Kopenhagen	44,31	169,47	− 73,85
Berlin-Schönefeld	Toulouse	46,83	174,36	− 73,14
Köln/Bonn	Berlin-Tegel	47,85	176	− 72,81
Berlin-Schönefeld	Rom-Ciampino	48,10	176,98	− 72,82
Berlin-Schönefeld	Thessaloniki	48,8	177,1	− 72,44
Frankfurt	Treviso (Venedig)	49,02	204,50	− 76,03
Frankfurt	Madrid	50,64	177,72	− 71,5
Köln/Bonn	Bristol	57,94	210,01	− 72,41
Berlin-Schönefeld	Bratislava	58,84	545,73	− 89,22
Berlin-Schönefeld	Athen	59,33	202,23	− 70,66
Berlin-Schönefeld	Glasgow	59,36	203,3	− 70,8
Hamburg	London Luton	60,24	211,38	− 71,5
Berlin-Schönefeld	Paris-Orly	72,79	291,5	− 75,03
Berlin-Schönefeld	London-Gatwick	72,93	269,65	− 72,96

München	Dortmund	**82,17**	314,08	– 73,84
Stuttgart	Hannover	**85,29**	297,50	– 71,33
Memmingen	Girona	**93,73**	378,42	– 75,23
Memmingen	Burgas	**98,61**	616,86	– 84,02

info.BILD.de | Quelle: idealo.de |

Flugstrecken im Vergleich

Streckentypen: bis 1000 km Kurzstrecke, 1000 – 4000 km
Mittelstrecke, ab 4000 km Langstrecke

Strecken-typ	Abflug-hafen	Zielflug-hafen	Tage im Voraus	Günstigs-ter Preis in €	Distanz in km
Kurzstrecke	Stuttgart	Berlin	16	**44**	517
Kurzstrecke	Berlin	Paris	50	**47**	878
Kurzstrecke	Frankfurt	Berlin	10	**49**	436
Kurzstrecke	München	Berlin	48	**56**	476
Kurzstrecke	Berlin	München	49	**56**	476
Kurzstrecke	Düsseldorf	München	50	**60**	486
Kurzstrecke	München	Hamburg	15	**65**	601
Kurzstrecke	Hamburg	München	22	**65**	601
Kurzstrecke	Stuttgart	Hamburg	50	**67**	553
Kurzstrecke	München	Amsterdam	47	**78**	665
Mittelstrecke	München	Mallorca	15	**20**	1217
Mittelstrecke	Berlin	Mallorca	14	**20**	1657
Mittelstrecke	Düsseldorf	Mallorca	36	**23**	1343
Mittelstrecke	Hamburg	Mallorca	8	**30**	1660
Mittelstrecke	Stuttgart	Mallorca	48	**30**	1141
Mittelstrecke	Frankfurt	Mallorca	22	**41**	1252
Mittelstrecke	Düsseldorf	Antalya	6	**95**	2481
Mittelstrecke	Düsseldorf	Istanbul	36	**106**	2039
Mittelstrecke	Frankfurt	Antalya	4	**120**	2302
Mittelstrecke	Frankfurt	Istanbul	57	**126**	1866

Langstrecke	Berlin	New York	100	**215**	6388
Langstrecke	Frankfurt	New York	75	**235**	6200
Langstrecke	Frankfurt	Miami-Intern.	30	**306**	7771
Langstrecke	Frankfurt	Los Angeles	150	**318**	9332
Langstrecke	Frankfurt	San Francisco	82	**331**	9158
Langstrecke	München	Bangkok	86	**367**	8810
Langstrecke	Düsseldorf	Bangkok	33	**370**	9108
Langstrecke	Berlin	Bangkok	62	**374**	8636
Langstrecke	Frankfurt	Bangkok	101	**375**	9012
Langstrecke	Frankfurt	Colombo	109	**410**	8077

info.BILD.de | Quelle: idealo.de | Datengrundlage: Populärste Routen (7271) mit den günstigsten Preisen seit drei Jahren, gruppiert nach 0 bis 180 Tagen im Voraus

Ich flog für 60 Euro in der Businessclass – so können Sie das auch

Ein Superschnäppchen, das ich entdeckt habe: in der Businessclass von Eurowings (die sog. BIZclass) von Köln nach Zürich für 60 Euro pro Strecke. Kostet sonst gern auch mal das Fünffache. Okay, keine Sitze zum Hinlegen, aber kostenfreier Lounge-Zugang, bevorzugter Check-in, im Flieger freie Gratis-Auswahl aus dem Bord-Bistro. Auffällig: Der normale Economy-Flug mit Snack und einem Gepäckstück kostete schon 143 Euro – also mehr als doppelt so viel wie die Businessclass. Ich buchte sofort: Hurra, keine Fehlermeldung.

Entspannt setzte ich mich am Flugtag in die Lufthansa-Lounge in Köln: ordentliche Auswahl (Salat, Würstchen, Suppe) und freie Getränkeauswahl – von Wein und Bier bis

Wodka. Hier hätte ich mir jetzt die Kante geben können. Weil's so billig ist, hatte ich auch gleich den Rückflug gebucht – wieder für 60 Euro. Der Eurowings-Pressesprecher zu mir: »Vermutlich ein Preisfehler.«

Preisfehler – das sind die ganz besonderen Schnäppchen, die Online-Portale am liebsten verheimlichen würden. Und es wird mit harten Bandagen gekämpft.

Lufthansa erwirkte vor dem Landgericht München eine einstweilige Verfügung gegen Deutschlands wichtigsten Reise-Schnäppchenblog »Urlaubspiraten«, mit Hinweisen auf Flugpreisfehler zu werben (Az.: 37 O 14236/17). Das Portal berichtet zwar weiterhin über sogenannte »Error Fares«, formuliert aber seitdem vorsichtiger.

Geld sparen mit Preisfehlern – geht das? Meine Erfahrung: nicht so einfach, weil Online-Portale bei Bekanntwerden sofort den Preis korrigieren. Aber: Angesichts der Fülle von Buchungen bei einer Airline wie Eurowings kann ein versehentlich angebotenes Superbilligticket auch mal durchrutschen.

Viele Schnäppchenblogs listen vermeintliche Preisfehler auf: außer »Urlaubspiraten« auch »Urlaubsguru.de«, »Urlaubstracker.de«, »First Class and More« (zum großen Teil kostenpflichtig). »Errorfarealerts.com« sammelt die Recherchen der Blogs. Trotzdem: Es sind und bleiben Zufallstreffer, und die Suche danach gleicht der nach der Nadel im Heuhaufen.

Besser ist es, auf Kampfpreis-Angebote in den Reise-Schnäppchenblogs zu achten – die sind häufiger verfügbar und trotzdem überraschend günstig. So fand ich beispielsweise schon: von Deutschland in der Economy nach Las Vegas mit British Airways ab 294 Euro. Oder: ab Berlin, Düsseldorf, Köln oder München nach Mallorca und zurück für 20 Euro – mit Ryanair oder Laudamotion.

Tipp: Nutzen Sie auch Suchmaschinen wie »Momondo.de« oder »Swoodoo.de«, um den besten Preis zu finden.

Wenn Sie nicht fliegen können – so gibt's trotzdem Geld zurück

Sie kennen das bestimmt auch: Flug lange im Voraus gebucht, aber es kommt etwas dazwischen und Sie können nicht reisen. Was tun?

Das Problem: Gerade Billigtickets sind entweder gar nicht stornierbar oder nur mit unverschämten Gebühren. Trotzdem will ich Geld zurück! Denn Fluggesellschaften müssen auf jeden Fall sogenannte personenbezogene Steuern und Gebühren erstatten, welche die Airline ja spart, wenn ich nicht an Bord bin. Machen sie aber nicht. Es gibt zwar viele Urteile von deutschen Gerichten – aber daran fühlen sich die Billigflieger nicht gebunden.

Sie verweigern alle Erstattungen, wenn Passagiere das Ticket verfallen lassen. Kenny Jacobs, Chief Marketing Officer von Ryanair, bestätigte mir: »Wir erstatten in diesen Fällen nichts.« Auch Easyjet schließt in seinen AGB Erstattungen aus, wenn der Kunde den Flug aus persönlichen

Gründen nicht antreten kann. Mitbewerber und Online-Reisebüros (die auch Billigtickets verkaufen) winden sich oder verlangen gleich eine saftige Stornierungs- oder Verwaltungsgebühr, die die Erstattung auffrisst.

▶ **Meine Insider-Strategie:** Ich verkaufe meine Forderungen. Mehrfach getestet: Ich reiche mein Ticket samt Beleg im Internet bei Geld-für-Flug (*www.geld-fuer-flug.de*) ein. Das Wiesbadener Unternehmen macht mir ein unverbindliches Angebot. Von einem 14,99-Euro-Ticket bei Ryanair bekam ich neulich 7,58 Euro von Geld-für-Flug erstattet – also mehr als 50 Prozent (in anderen Fällen auch etwas weniger). Ich muss das Angebot unterschreiben und im Freiumschlag zurücksenden. Dann wird das Geld überwiesen (auch Zahlung mit Paypal ist möglich).

Extra-Tipp: Ansprüche können bis zu drei Jahre rückwirkend geltend gemacht werden. Prüfen Sie daher Ihre zurückliegenden Flüge.

▶ **Positives Beispiel Eurowings:** Schon bei der Buchung zeigt die Airline an, wie viel Geld es zurückgibt, wenn Sie nicht fliegen können. Die Bitte um Erstattung ist mit zwei Sätzen per Mail und Angabe des Buchungscodes, z. B. an accounting@eurowings.com, erledigt: »Ich konnte den Flug … nicht antreten. Daher bitte ich um die Erstattung von Steuern und Gebühren.«

So dreist werden Fluggäste belogen – wehren Sie sich!

Überlastete Flughäfen wie in Berlin; Airlines, die sich nach Insolvenzen anderer mit vielen zusätzlichen Verbindungen übernehmen; wiederkehrende Fluglotsenstreiks (Deutschland, Frankreich, Italien) sowie heftige Wetterlagen ... Fliegen ist oft kein Vergnügen. Und die Leidtragenden aller Probleme sind stets wir, die Kunden. Ich sprach mit Insidern und frustrierten Passagieren. Herauskristallisiert haben sich diese Airline-Tricks:

▶ **Keine Infos.** Fluggäste, die ihre Rechte nicht kennen, werden auch nichts einfordern. Die eng gedruckten Fluggastrechte am Airport liest sich kaum einer durch.

▶ **Verantwortung abgeben.** Airlines übergeben die Zuständigkeit oft an sogenannte Bodendienstleister. Deren zum Teil schlecht geschulte und bezahlte Mitarbeiter sind dann mit den aufgebrachten Kunden an viel zu kleinen Airport-Schaltern konfrontiert. Hohes Streitpotenzial! So berichtete mir eine Mitarbeiterin vom Bodendienstleister »AHS«, der an sämtlichen großen Airports Deutschlands Fluggäste betreut: »Es gibt oft einfach gar keine Anweisungen von den Fluggesellschaften, wie wir uns verhalten sollen. Und plötzlich stehen hundert Leute vor einem. Ich bin noch nicht lange dabei, aber genau das erlebe ich dort eigentlich jeden Tag. Wir wissen nichts am Schalter.

Dabei wurde den Passagieren, deren Anschlussflug ausfällt, im Flugzeug gesagt, alles sei vorbereitet. Und AHS werde sie in ihr Hotel schicken. Doch das stimmt nicht. Die Gäste sind zu Recht sauer und meckern. Das macht wirklich keinen Spaß.«

▶ **Schnell abtauchen.** Jeder am Airport will sich den Ärger der Reisenden vom Leib halten. Piloten sagen durch: »Unser Bodenpersonal ist informiert und hilft Ihnen weiter.« Oft nur so dahingesagt. Kein Wort darüber, dass jetzt oft eine stundenlange Warterei beginnt.

▶ **Keine Ansprechpartner.** Das Bodenpersonal verschwindet oder ist einfach nicht da. Vielleicht auch, weil die Mitarbeiter nicht mehr weiterwissen. Die Fluggäste stehen allein da.

▶ **Leistungen vorenthalten.** Hotelgutscheine werden vom Servicepersonal fehlerhaft ausgefüllt. Bewusst oder der Stresssituation geschuldet? Die Verpflegung wird nicht vermerkt. Das Hotel wird Ihnen also kein Gratisessen anbieten, obwohl es Ihnen zusteht. Die Airline hat Geld gespart.

▶ **Passagiere müssen alles auslegen.** Zwar sind die Airlines verpflichtet, die Kosten zu erstatten, aber manche Fluggäste scheuen oft den Aufwand oder vergessen es.

▶ **Alles auf die Hotline abschieben!** Fluggäste berichten immer wieder, dass zum Callcenter kein Durchkommen ist. Sie buchen neue Flüge auf eigene Kosten, hoffen auf spätere Erstattung durch die Airline.

▶ **Fluggäste im Flieger statt im Terminal warten lassen.** Bei Verspätungen von über zwei Stunden müssen Passagiere bei Europaflügen verpflegt werden. Aber nicht, wenn sie vorher in die Maschine einsteigen.

▶ **Die Wetterlüge.** Bei Ausfällen wegen Gewitter muss die Airline in der Regel keine Entschädigung zahlen. Daher wird oft aufs Wetter verwiesen. Kann aber ein Vorwand sein. Auch beliebt: »Technische Defekte liegen nicht in unserer Verantwortung.« Komplett falsch!

Das wird Fluggästen gesagt – und das ist wirklich gemeint

Von kleinen Tricks bis zu glatten Lügen – bei Problemen haben Airlines ihre Kniffe, was sie den Passagieren sagen und was nicht. Ich habe Lautsprecheransagen an Bord und am Flughafen von Experten checken lassen. Was steckt wirklich dahinter?

▶ **Pilot sagt vor dem Start:** »Es könnte jetzt losgehen, aber wir müssen hier noch zehn Minuten warten.«
Das steckt wirklich dahinter: Der Pilot hat wahrscheinlich das vom Tower vorgegebene Zeitfenster (»Slot«) für den Start verpasst. Es kann tatsächlich nach zehn Minuten losgehen, wahrscheinlicher ist aber eine längere Wartezeit, sagen mir Fluglotsen.

▶ **Pilot sagt:** »Wir bringen Sie auf dem schnellsten Weg nach München.«
Das steckt wirklich dahinter: Stimmt nur, wenn der Pilot bei der Flugsicherung die Erlaubnis für eine Abkürzung zum Zielort oder eine höhere Geschwindigkeit

erhalten hat. Pilot Janis Georg Schmitt (Gewerkschaft Cockpit): »Das kann auf der Strecke von Düsseldorf nach München schon mal zehn Minuten bringen.« Hat sich der Pilot nicht um eine solche Sondergenehmigung bemüht, ist es nur Blabla.

▶ **Die Crew sagt nach dem Start eines verspäteten Fluges:** »Wir werden Sie über Ihre Anschlussflüge informieren.«

Das steckt wirklich dahinter: Stimmt oft nicht. Die Infos, die Passagiere später bekommen, sind oft spärlich und unvollständig. Ein Lufthansa-Sprecher: »Bei Kurz- und Mittelstrecken wird das Update etwa 15 Minuten vor Ankunft übermittelt. Änderungen, die danach erfolgen, erreichen den Piloten nicht mehr.«

▶ **Pilot oder Crewmitglied sagen:** »Unser Bodenpersonal hilft Ihnen weiter!«

Das steckt wirklich dahinter: Stimmt nur, wenn der Flug zu normalen Zeiten landet. Wird er jedoch nachts umgeleitet (z. B. nach Köln oder Hannover), ist in der Regel kein Personal mehr vor Ort. Grund: Die Airline hat es beim Bodendienstleister einfach nicht bestellt.

▶ **Pilot oder Crewmitglied eines umgeleiteten Fluges sagen:** »Vor dem Terminal warten Busse für die Weiterfahrt.«

Das steckt wirklich dahinter: Könnte nur so dahingesagt sein, um die Passagiere zu beruhigen. Denn: Mit sehr kurzer Vorlaufzeit lassen sich nachts meistens keine Busse organisieren. Ausnahme: Die Airline hat sie z. B. bei Streiks reserviert.

▶ **Das Bodenpersonal am Transferschalter sagt:** »Sie müssen zum Ticketschalter gehen.«

Das steckt wirklich dahinter: Stimmt nicht! Lufthansa und Eurowings sagen: »Passagiere können sich auch an den Schaltern im Sicherheitsbereich umbuchen lassen.« Aber bei großem Andrang verweist Lufthansa zusätzlich auf die Schalter außerhalb des Sicherheitsbereichs.

▶ **Das Bodenpersonal sagt:** »Wir warten noch auf Informationen. Wenn wir mehr wissen, melden wir uns.«

Das steckt wirklich dahinter: Stimmt. Die Mitarbeiter dürfen tatsächlich nur das sagen, was ihnen die Airline vorgibt.

▶ **Der Pilot sagt:** »Grund für die Verspätung sind Unwetter.«

Das steckt wirklich dahinter: Muss nicht unbedingt stimmen. Ich strandete mal wegen heftigen Schneefalls – so glaubte ich: Am Ende bekam ich doch eine Entschädigung von 250 Euro, weil fehlendes Enteisungsmittel der wahre Grund war.

▶ **Die Crew sagt:** »Sie müssen die Ihnen zugewiesenen Plätze einnehmen, sonst können wir nicht starten.«

Das steckt wirklich dahinter: Könnte ein Vorwand sein, damit Passagiere nicht die besseren (eigentlich kosten-pflichtigen) Sitze einnehmen. Kein großes Flugzeug gerät aus dem Gleichgewicht, wenn sich ein paar Gäste um-setzen. Pilot Schmitt: »Grundsätzlich ist es so, dass der Effekt bei kleinen Flugzeugen größer ist als beispiels-weise bei einer Boeing 737 oder einem Airbus 320.«

▶ **Ryanair schreibt:** »Ihre Verspätung betrug 2 Stunden und 58 Minuten.«

Das steckt wirklich dahinter: Könnte ein Trick sein, damit Passagiere keine Entschädigung (erst ab 3 Stunden) einfordern. Entscheidend ist aber der Zeitpunkt, zu dem die Flugzeugtür wieder geöffnet wurde. Also immer selbst die Zeiten protokollieren.

Kassieren Sie die maximale Entschädigung bei Flugärger!

Recht haben und Recht bekommen sind leider oft zwei unterschiedliche Dinge. Immer wieder zeigt sich: In vielen Fällen tun sich Fluggesellschaften damit schwer, ihren Kunden Entschädigungen bei Verspätungen ab drei Stunden oder Flugausfällen zu zahlen.

Aus dieser Situation wollen Fluggastrechteportale wie Flightright, EUclaim, Airhelp oder Fairplane Kapital schlagen – sie werben aggressiv um Kunden. Sind diese Anbieter immer die perfekte Lösung? Ich sprach mit Experten und Rechtsanwälten. Hier ist meine perfekte Insider-Strategie, wie Sie an die maximale Entschädigungssumme kommen (sofern ein Anspruch besteht).

▶ **Der eindeutige Fall:** Die Airline oder der Pilot geben zu, dass ein technischer Defekt der Grund für den Flugausfall oder die Verspätung ist.

Sparfochs-Tipp: Wenden Sie sich direkt an die Airline. Mein Eindruck: Bei eindeutigen Fällen zahlen Airlines meist freiwillig (gerade bei treuen Kunden). Fluggastrechteportale kassieren im Erfolgsfall Provision. Warum soll man ihnen Geld abgeben, wenn die Airline auch so zahlt?

▶ **Der komplizierte Fall:** Die Airline lehnt eine Zahlung mit Verweis auf Streik oder Unwetter ab. Das sind außergewöhnliche Umstände, bei denen Sie keinen Anspruch auf Geld haben. Kann den Tatsachen entsprechen, muss aber nicht.

Sparfochs-Tipp: Hier können Ihnen Fluggastrechteportale eine wertvolle Hilfe sein. Sollte die Airline doch eine Entschädigung zahlen, kassieren die Portale um die 30 Prozent Provision. Es kann aber viele Wochen dauern, bis Ihr Fall entschieden ist. Wer nicht warten will, kann den Fluggasthelfern die Forderung oft auch mit Sofortauszahlung verkaufen. Hier beträgt die Provision aber um die 40 Prozent. Heißt: Von 600 Euro Entschädigung bleiben Ihnen nur ca. 360 Euro.

▶ **Der scheinbar aussichtslose Fall:** Wenn auch ein Fluggastrechteportal in Ihrem Fall keine Chancen sieht, können Sie ja mal ein Konkurrenzportal testen.
Grund: Die Recherchemethoden können unterschiedlich sein. Vielleicht hat der Mitbewerber ja andere Erkenntnisse.

▶ **Der zweifelhafte Fall:** Sie wissen nicht, ob Sie überhaupt einen Entschädigungsanspruch haben. Dazu müssen Sie wissen: Manche Airlines haben Tricks auf Lager, um Zahlungen zu verweigern.

Die Tricks der Airlines

▶ **Zunächst der legale Trick:** Kunden beschwerten sich, dass Lufthansa immer wieder Flüge zwischen Berlin und Frankfurt absagte. Wurden die Verbindungen gestrichen, weil Flieger zu schwach gebucht waren? Lufthansa bestritt das auf meine Anfrage. Aber: Weil jede Stunde ein Flieger auf dieser Rennstrecke geht, kommen Passagiere oft nicht später als nach zwei Stunden an. Lufthansa muss trotz Flugabsage keine Entschädigung zahlen.

Sparfochs-Urteil: Ärgerlich, aber nichts zu machen.

▶ **Der Landezeit-Trick:** Bei einer gravierenden Verspätung schrieb ein Billigflieger einem Fluggast, der Flieger sei zwei Stunden und 58 Minuten zu spät gewesen. Kann stimmen, muss aber nicht! Erst ab drei Stunden stehen dem Fluggast bei einer Kurzstrecke 250 Euro Entschädigung zu.

Sparfochs-Urteil: Entscheidend ist, wann die Flugzeugtür geöffnet wurde. Die korrekte Zeit muss die Fluglinie notfalls anhand von Cockpitdaten nachweisen.

▶ **Der Notar-Trick:** Schalten Kunden Rechtsanwälte ein, schreibt ein türkischer Ferienflieger diesen oft: »Die Vollmacht, die Sie uns geschickt haben, hat keine Gültigkeit, es sei denn, sie ist notariell beglaubigt oder vom türkischen Konsulat genehmigt.«

Sparfochs-Urteil: Verweigert eine Airline von außerhalb der EU die Zahlung, helfen oft nur spezielle Methoden: In Düsseldorf ließ ein Anwalt die Bordkasse eines Onur-Air-Fliegers pfänden.

▶ **Der Bürokratie-Trick:** Eine ausländische Airline verwies einen Kunden an die Niederlassung in München. Fast drei Monate später antwortete ein Münchner Mitarbeiter, dass in diesem Fall die Niederlassung in Berlin zuständig sei. In einem dritten Schreiben erklärte die Airline, dass die Forderung nun beim Zentralkundendienst in Istanbul bearbeitet werde.

Sparfochs-Tipp: Setzen Sie der Fluglinie eine Frist, bis zu der sie zahlen muss. Verstreicht diese, können Sie zum Beispiel die Internetkanzlei Ratis einschalten. Sie verlangt keine Provision, allerdings müssen Sie es bei der Airline am besten mit Hilfe von Musterbriefen zunächst selbst versuchen.

Koffer weg oder kaputt – das ist Ihr Recht

Statistisch gesehen geht pro Flugzeug (nur) ein Gepäckstück verloren – aber Betroffene fühlen sich oft hilflos: Erst das ewige (und vergebliche) Warten am Gepäckband, dann die langen Schlangen am Lost-and-Found-Schalter, es folgt die nervige Beschaffung von Ersatzkleidung und Kosmetik –

und am Ende die Frage: Was kriege ich davon überhaupt erstattet und wann? Mein Eindruck: Es geht zu wie auf dem Basar, weil für Gepäck klare Bestimmungen nach Art der europäischen Fluggastrechte fehlen. Das sogenannte Montrealer Abkommen sagt nur: »Der Luftfrachtführer hat den Schaden zu ersetzen, der durch Verspätung bei der Luftbeförderung von Reisenden, Reisegepäck oder Gütern entsteht.« An dieser Stelle ein Beispiel-Fall: Besonders großes Koffer-Pech hatte ein Lkw-Fahrer (41) aus der Nähe von Hannover, der mit Ehefrau (41) und Sohn (9) auf Kreta Urlaub machte. Sein Problem: »Der Flieger von Sunexpress hatte gar keinen Koffer an Bord.« Grund: ein kurzfristiger Flugzeugwechsel. Der Lkw-Fahrer weiter: »Unser Reiseveranstalter Neckermann schob alles auf Sunexpress, die Airline ließ uns hängen.« Die Familie musste für 400 Euro Kleidung kaufen: »Das riss ein riesiges Loch in unsere Urlaubskasse.« Erst nach vier Tagen waren die Koffer endlich wieder da. Reiserechtler Paul Degott zu mir: »Der Urlauber hat bei Flugpauschalreisen gegenüber dem Veranstalter Anspruch auf Schadenersatz und auf Rückzahlung des anteiligen Reisepreises.« Und auch die Airline haftet. Degott: »Der Reisende soll aber keinen Gewinn machen können.«

Das steht Ihnen zu:

▶ Kommt das Gepäck verspätet an, muss die Airline nur die Ausgaben für eine **»Grundgarderobe«** bezahlen, urteilte zum Beispiel das Amtsgericht Frankfurt (Az. 29 C 2518/12). Was darf die kosten? Dazu gibt es unterschiedliche Urteile: zwischen 150 und 300 Euro.

- Achten Sie beim Nachkauf darauf, die **Kosten so gering wie möglich** zu halten (keine Luxusmode!). Auf Belegen muss stehen, was Sie gekauft haben.

- Haben Sie nachweislich einen Geschäftstermin, dürfen Sie z. B. einen **Anzug kaufen**, den die Airline erstatten muss.

- Es ist gut möglich, dass die Fluglinie **nur 50 Prozent erstattet**, wie etwa Lufthansa. Ein Airline-Sprecher: »Dauergebrauchsgegenstände wie Hosen oder Jacken sind meist längerfristig für den Kunden von Nutzen.« Und wenn ich auf 100 Prozent bestehe? Der Sprecher: »Wenn in äußerst seltenen Fällen der Fluggast seine neu erworbene Kleidung zurückgeben möchte, erstatten wir den ganzheitlichen Kaufpreis.«

- Wer das zu nervig findet, kann auch **Versicherungsleistungen bei Gepäck-Verspätungen** von Kreditkarten (zum Beispiel American Express Gold) in Anspruch nehmen. Schon nach sechs Stunden können Sie für 325 Euro nachkaufen. Die Kreditkartenfirma erstattet das Geld.

- Taucht der Koffer nie wieder auf, stehen Ihnen laut dem Montrealer Abkommen **maximal 1.330 Euro** zu. Sie müssen aber Ersatzkäufe nachweisen.

- Bei Beschädigungen sollten Sie sofort Beweisfotos (mit Gepäckband im Hintergrund) machen, damit Ihnen die Airline auf Anhieb glaubt. Sie haben nur **7 Tage Zeit**, den Schaden bei der Fluglinie einzureichen. Wer die Frist verpasst, geht leer aus.

- Sie brauchen sich nicht unbedingt in die lange Schlange am Lost-and-Found-Schalter einzureihen. Sie können auch gleich die **Online-Formulare** der Airlines nutzen. Wichtig: Sie brauchen unbedingt den Gepäckabschnitt, den Sie beim Einchecken erhalten haben.

▶ Reichen Sie nur **eindeutige Schäden** ein: Reißverschluss defekt, Koffer gebrochen, Rolle fehlt. Normale Kratzer und Dellen sind übliche Abnutzungserscheinungen.

So läuft es wirklich am Airport-Gepäckschalter

Das sorgt für Flugfrust pur: Am Airport stehen Hunderte herrenlose Koffer hinterm Absperrband, am Serviceschalter müssen die Passagiere quälend lange anstehen. Wie sieht der Alltag am Kofferschalter wirklich aus?

Ich sprach mit einer Mitarbeiterin von AHS, dem deutschen Marktführer bei der Fluggastbetreuung außerhalb des Sicherheitsbereichs (an zehn Airports). Die Frau will anonym bleiben. Ihr Verdienst: rund zwölf Euro pro Stunde.

Sie berichtet: »Fast jeden Tag landen Flieger ohne oder mit fehlenden Gepäckstücken. Da stehen die Gäste wütend vor mir. Verstehe ich! Manche drohen auch schon mal mit BILD. Ich muss pro Schicht etwa 50 Fälle aufnehmen. Nur bei Ryanair gibt's kaum Probleme. Die Gäste fragen mich, warum nicht mehr Kollegen am Counter stehen. Doch die anderen sind damit beschäftigt, liegen gebliebene Koffer neu zu versenden.«

Wie läuft es bei Kofferschäden? Die Insiderin: »Da muss schon eine Rolle abgefallen sein, sonst nehmen wir das gar nicht mehr auf.«

Sonderfall Eurowings: »Bei denen dürfen wir keine Verlustanzeige aufnehmen. Das müssen die Gäste selbst übers Internet machen. Da tun mir immer die alten Leute leid, die damit überfordert sind. Ich kümmere mich dann um sie. Die anderen Passagiere dürfen das aber nicht sehen. Sonst gäbe es noch mehr Krawall.« AHS betont dagegen, dass nicht jeder Fluggast gezwungen wird, alles online zu erledigen.

Ist denn am Airport wirklich alles organisiert, wie es Piloten und Crews an Bord versichern? Die AHS-Frau: »Wir erfahren nur, dass spätabends noch eine Maschine reinkommt. Ob das Gepäck vollzählig an Bord war, höre ich erst, wenn die Leute vor mir stehen. Ich habe mich an den rauen Ton gewöhnt, sage immer ehrlich, was ich weiß. Dann kommen die Gäste meist wieder runter. Neue Kollegen müssen das erst mal verkraften. Da fließen hinten schon mal Tränen.«

Wenn andere Kollegen Feierabend haben, müssen am Gepäckschalter auch mal Busse für die Passagiere organisiert werden. Die AHS-Frau: »Das ist nach 23 Uhr aber fast unmöglich.«

Wie läuft der Kontakt zu den Airlines? »Tagsüber funktioniert es, aber abends und nachts habe ich bei kleineren Gesellschaften nur eine 01805-Nummer, bei der ich in der Warteschleife hänge.« Was sagt AHS dazu? Ein Sprecher: »Bei vielen Airlines läuft der Informationsaustausch gut, bei anderen sehen aber auch wir Nachbesserungsbedarf.«

Für das Hotelzimmer nie zu viel zahlen!

Ein wichtiges Thema für Urlauber und Kurztrip-Liebhaber: Wie kriege ich mein Hotelzimmer immer zum günstigsten Preis? Die Preise der Herbergen schwanken massiv. Wer nicht aufpasst, zahlt mitunter 50 Prozent Aufschlag.

Mit diesen Tipps kriegen Sie immer den günstigsten Preis:

▶ Nie zu früh buchen: Wie bei Flügen greifen Angebote oft erst drei Monate vor der Anreise. Es gibt eine wichtige Ausnahme: Bei extrem angesagten Unterkünften oder zu nachgefragten Terminen (Messen, Feiertage, Sommerferien) immer so früh wie möglich buchen.

▶ Absolute Frühbucher (ein Jahr im Voraus) könnten davon profitieren, dass die Hotels zum Beispiel Messetermine nicht eingepflegt haben. Das heißt: Es gilt der Normalpreis, obwohl eigentlich der höhere Messepreis gelten sollte.

▶ Suchen Sie Ihre Hotels immer erst über Metasuchmaschinen – also Websites, die wiederum mehrere Hotelportale vergleichen. Beispiele: *Trivago.de, Swoodoo.de* oder *Momondo.de*.

▶ Bei Unterkünften in beliebten Ferienregionen ist auch Holidaycheck.de eine gute Wahl, weil Veranstalterangebote (zum Beispiel von TUI, Neckermann Reisen, FTI) oft günstiger sind als Angebote normaler Hotelportale.

▶ Haben Sie Ihr Lieblingshotel zum besten Preis gefunden, versuchen Sie weiteren Rabatt auf den Hotelportalen herauszuholen. Sie müssen dazu direkt die URL, zum Beispiel *www.booking.com*, im Browser eintippen. Grund: Die großen Anbieter haben Bonusprogramme, die oft nur funktionieren, wenn Sie NICHT von einer Metasuchmaschine kommen. Einen 3-fach-Coupon für Payback-Punkte bei Expedia müssen Sie erst bei Payback aktivieren. Ebookers (gehört zu Expedia) spendiert Bonusguthaben bis zu fünf Prozent bei einer Buchung, wie auch Booking.com. Wer bei Amazon Prime-Kunde ist, kriegt zehn Prozent als Guthaben gutgeschrieben. Hotel.com bietet Sonderpreise per Newsletter, die nicht bei Nutzung einer Metasuchmaschine gelten.

▶ Suchen Sie vorsichtshalber noch nach Rabatt-Coupons der Hotel-Website bei Google. Mitunter gibt's zusätzlichen Rabatt.

▶ Bei Luxushotels lohnt es, sich auf Websites wie Secret escapes.de oder Voyage-prive.de zu registrieren. Mitunter satte Rabatte!

▶ Für Sparreisen bieten sich Secret-Deals auf Websites wie Hotwire.com, Priceline.com oder Lastminute.com an. Der Clou: Ich buche nur die Lage und die Sterne-Kategorie, spare dadurch oft 50 Prozent. Das Portal trifft die letzte Wahl. Der Trick: Anhand der Tripadvisor-Bewertungen, der Fotos oder der Beschreibung lassen sich die Geheimhotels vor der Buchung zu 99 % identifizieren. Versuchen Sie es!

▶ Brauchen Sie ein Hotel für die nächste Nacht, bieten sich

Super-Last-minute-Portale wie Hoteltonight.com an. Dort werden Preise reduziert, bevor die Zimmer leer bleiben.

▶ Ich buche oft ein Wunschhotel mit der Möglichkeit, kurz vorher kostenfrei zu stornieren. 24 Stunden vor Anreise checke ich die Preise, buche das Hotel ohne Storno-Möglichkeit und storniere die alte Buchung. Sparpotenzial: mindestens zehn Prozent (wenn die Preise seit der Alt-Buchung nicht gestiegen sind).

▶ Wenn Sie ein wenig flexibel sind, vergleichen Sie die Preise von Städtereisen auch an den Wochenenden davor oder danach. Wenn Sie zum Beispiel nach Hamburg wollen, der Hafengeburtstag Ihnen aber nicht superwichtig ist, fahren Sie am Wochenende vorher oder an dem danach oft 20 bis 30 Prozent günstiger.

▶ Es kann sich auch lohnen, das Hotel direkt anzurufen und einen Rabatt auszuhandeln. Sie sagen: »Bei Hotelportalen müssen Sie doch rund zehn Prozent Provision zahlen. Lassen Sie mir zehn Prozent nach, wenn ich direkt hier bei Ihnen am Telefon buche?« Kennt der Hotelmitarbeiter das Provisionsthema, geht er drauf ein.

▶ Auch gut: Spezielle Kreditkarten (zum Beispiel von Hilton, Jahrespreis 49 Euro) dank eingeschlossenem Gold Status, die in den eigenen Hotels immer ein Gratisfrühstück und ein Upgrade einschließen. Das heißt: günstigstes Zimmer buchen, fürstlicher wohnen.

Reklamieren Sie richtig bei Reisemängeln

Vor der Reise

▶ Packen Sie sich außer der **Buchungsbestätigung** auch die **Reisebeschreibung** aus dem Katalog oder Internet ein. Dann wissen Sie immer, wie das Hotel beschrieben wurde.

Während der Reise

▶ **Grundsätzlich:** Reisemängel bei Pauschalreisen müssen Sie immer sofort beim Veranstalter melden. Wenn die Reiseleitung das Problem nicht löst, sollten Sie alles gründlich dokumentieren. Machen Sie Fotos oder filmen Sie – aber so, dass z. B. die Lärmbelastung gut dokumentiert wird. Wiederholen Sie das jeden Tag. Sammeln Sie Aussagen von Mitreisenden (mit voller Adresse!) als Zeugen. Richter lassen sich am besten mit vielen überprüfbaren Details überzeugen.

▶ **Dies sind KEINE Reisemängel:** Lärm auf der Straße, Laub im Pool, Kindergeschrei nach 21 Uhr, unfreundliche Kellner oder einzelne Krabbeltiere im Zimmer müssen Sie in fremden Ländern hinnehmen.

▶ **Dies sind Reisemängel:** laute Bauarbeiten im Hotel oder in der Nachbarschaft, gesperrter Pool, Zimmer ohne Meerblick (obwohl so gebucht)

▶ **Sie haben das Hotel separat gebucht** (keine Pauschalreise)? Wenden Sie sich an das Hotelportal (z. B. Booking oder Expedia, wo Sie gebucht haben), und bitten Sie notfalls um Umbuchung. Bitten Sie den Hotelier um Erstattung der restlichen Nächte, und suchen Sie sich eine andere Unterkunft!

▶ **Sie beschweren sich, werden aber abgespeist?** Setzen Sie dem Reiseleiter (bei Pauschalreisen) oder Hotelier eine Frist, bis wann der Mangel behoben sein muss. Oder sagen Sie, was für Sie ein akzeptabler Ersatz wäre. Beispiel: »Sie übernehmen dafür die Getränke auf meiner Endrechnung.«

Nach der Reise

▶ Urlauber haben **zwei Jahre Zeit,** um beim Veranstalter eine Minderung des Reisepreises einzufordern.

11 miese Tricks der Mietwagenanbieter

Es herrscht Krieg auf dem Mietwagenmarkt. Immer neue Anbieter, die sich mit Tiefstpreisen an die Spitze von Vergleichsportalen schummeln – um dann mit zusätzlichen Gebühren die Kunden abzuzocken.

▶ **Abzock-Trick 1: Hohe Selbstbeteiligung bei Versicherungen**
Bei Sixt in Deutschland kostet die Vollkaskoversicherung ab

vier Euro pro Tag extra, die Selbstbeteiligung liegt trotzdem bei 950 Euro. Ich zahle also jeden Kratzer aus eigener Tasche. Bei Avis ist die Basis-Versicherung (auch 950 Euro Selbstbehalt) oft schon inklusive, eine Reduzierung auf 0 Euro kostet bei zwei Tagen Mietdauer um 40 Euro extra. Für mich viel zu teuer! Besser: Versicherungspakete vom Mietwagen-Vermittler. Zwar wird bei Schäden die Kaution eingezogen, vom Vermittler bekommen Sie diese aber erstattet.

▶ Abzock-Trick 2: Ärgerliche Nebenkosten

Bis auf wenige Ausnahmen sind die Preise bei bekannten Vergleichsportalen wie Billiger-Mietwagen.de oder Check 24.de günstiger als direkt beim Anbieter. Grund: Je niedriger der Preis, desto weiter oben sind die Angebote gelistet. Aber Vorsicht: Es lauern Nebenkosten, die mal mehr, mal weniger versteckt sind. Beim Anbieter Green Motion beispielsweise müssen Sie fast immer den vollen Tank kaufen. Das Dreiste: Es kommt noch eine saftige Betankungs- oder Servicegebühr hinzu. Mehrkosten: bis zu 150 Euro. Besonders beliebt ist die Masche in Großbritannien und Spanien. Mittlerweile weisen die Mietwagenportale besser auf diese Falle hin.

▶ Abzock-Trick 3: Billig-Angebote von schwarzen Schafen

Mietwagenportale vermitteln Anbieter, die von Kunden als unseriös eingestuft werden. Das Argument: Es werden halt alle Angebote abgebildet. Beispiel: Wer auf Mallorca einen

Mietwagen braucht, sollte nicht bei Goldcar mieten. Check24 warnt vor »schlechter Kundenbewertung«. Bei Billiger-Mietwagen.de läuft etwa »Interrent« in einigen Ländern mit dem Hinweis »schlechte Vermieterbewertung«. Bei anderen Portalen fehlen diese Hinweise. Nicht zu empfehlen!

▶ **Abzock-Trick 4: Kein Hinweis des Mietwagenportals auf bestimmte Gebühren**

Beispiel 1: Ein Shuttle zur Mietwagenstation, der erst mal nicht gratis ist. Das Geld muss ich auslegen und dann um Erstattung bitten.

Beispiel 2: Eine neue Kostenfalle sind die automatischen Maut-Erfassungsgeräte in den Mietwagen (zum Beispiel in den USA). Passiere ich eine Bezahl-Straße, registriert das ein Empfänger im Auto. Vorteil: Ich muss nicht mehr an Zahlstellen anhalten. Nachteil: Mietwagenfirmen berechnen für diesen Service hohe Tagespauschalen (oft um 10 Euro pro Tag), die höchstens im Kleingedruckten erwähnt sind. Eine solche Maut-Option können Sie ablehnen. Lohnt sich aber nur, wenn Sie drauf achten, automatische Mautstellen auf Autobahnen zu meiden. Gelingt das nicht, sind die (Straf-)Gebühren der Anbieter noch höher.

▶ **Abzock-Trick 5: Am Schalter werden Ihnen teure Optionen untergejubelt.**

Das Anstehen am Mietwagenschalter ist Stress: erschöpft vom Flug, eine fremde Sprache, das Gewühl im Center. Unseriöse Mitarbeiter nutzen das aus und mogeln Ihnen nutzlose Optionen unter (wie zum Beispiel einen »Premium-

Notdienst«). Auch Zubehör wie Navigationsgeräte ist vergleichsweise teuer. Ein Kollege von mir musste nach seinem Florida-Urlaub 466 Euro nachträglich an den Vermieter zahlen. Schließlich hatte er ja unterschrieben.

Mein Tipp: Am Schalter sofort sagen, dass Sie KEINE zusätzlichen Versicherungen oder Optionen brauchen: »I don't need any additional insurance or options.« Heißt aber, dass Sie sich vorher genau mit den Vertragsbedingungen beschäftigen müssen.

▶ Abzock-Trick 6: Bei Strafzetteln extra kassieren

Bei Verkehrsverstößen dürfen Vermieter zusätzliche Verwaltungsgebühren verlangen. Üblich: 30 bis 50 Euro. Deshalb, wenn möglich, Strafzettel und Bußgelder sofort selbst bezahlen.

▶ Abzock-Trick 7: Extragebühr bei Reinigung

Einige Vermieter verlangen bei stark verschmutzten Mietautos eine hohe Reinigungsgebühr. Wann der Wagen überdurchschnittlich dreckig ist, entscheidet nur der Vermieter. Solche Verträge besser nicht unterschreiben.

▶ Abzock-Trick 8: Hohe Rechnung bei Kratzern

Gerade Billiganbieter kontrollieren bei Abgabe den Wagen peinlich genau auf eventuelle Kratzer. Das sollten Sie ebenfalls machen – und zwar bei der Annahme des Autos. Und darauf bestehen, dass jeder Kratzer vermerkt wird. Nervig, schützt aber vor ärgerlichen Rechnungen. Eine kleine Abschürfung im Lack kann schon mal 360 Euro kosten.

► **Abzock-Trick 9: Schlampige (bewusst fehlerhafte?) Zeiterfassung bei der Rückgabe**

Ich gab beim Anbieter National in Großbritannien einen Wagen nachweislich rechtzeitig zurück. Die Rechnung kam erst Tage später. Es wurde einfach ein Zusatztag berechnet. Ich musste mich aufwendig beschweren.

Mein Rat: Bei der Rückgabe des Wagens immer auf einem Beleg mit Zeitquittung bestehen.

► **Abzock-Trick 10: Sehr hohe Kaution, die nur durch das Buchen von Extras sinkt**

Total unseriös! Bei der Firma keinen Wagen mieten.

Vier Sparfochs-Tipps für günstige Mietwagen

► Über bekannte Vergleichsportale buchen: günstigere Preise und immer mal kostenlose Zugaben (Gutscheine oder Bonuspunkte).

► Für Rabatt-Gutscheine die Newsletter der Anbieter abonnieren (z. B. Cardemar).

► Wer oft einen Mietwagen bucht, für den kann sich eine Gold-Kreditkarte mit eingeschlossener Vollkaskoversicherung lohnen (z. B. von Miles & More). Es bleibt aber in der Regel eine Selbstbeteiligung.

► Wenn Sie flexibel sind: unterschiedliche Zeiträume ausprobieren. Gutes Sparpotenzial!

Die BILD-Notfallkarte

Mietwagen-Ärger:
Das ist Ihr gutes Recht!

Nehmen Sie alle Buchungsunterlagen zum Schalter mit. Vergessen Sie nicht Ihren Führerschein!

Machen Sie sich bewusst, ob Sie ausreichend gegen Schäden (auch Glas, Reifen) versichert sind. Ein kleiner Kratzer kann ohne Vollkasko schnell 300 Euro oder mehr kosten.

Stellen Sie sich darauf ein, dass Ihnen bei der Abholung womöglich hartnäckig Versicherungen oder Zusatzprodukte angeboten werden. Besonders Kindersitze können sehr teuer sein. Es kann sich lohnen, vor Ort einen zu kaufen statt zu leihen. Routenplanung per Handy ersetzt ein teures Miet-Navi.

Sie bekommen kein Auto, weil Sie zu spät am Schalter waren?
Tatsächlich sollten Sie sich an die vereinbarte Abholzeit halten, der Vermieter darf den Wagen sonst an andere Kunden geben. Sie müssen dann neu buchen. Der Vermieter ist verpflichtet, bereits gezahlte Beträge anzurechnen. Ausnahme: Ihr Flug hatte Verspätung. Daher sollten Sie die Flugnummer bei der Auto-Buchung immer angeben.

Sie bekommen kein Auto, weil Ihre gebuchte Kategorie nicht mehr auf dem Hof ist?
Weisen Sie den Vermieter drauf hin, dass er Ihnen ein größeres Auto ohne Mehrkosten geben muss.

Sie erhalten ein Auto voller Beulen?
Achten Sie darauf, dass jeder Kratzer, jede Delle bei Abholung notiert ist. Gleichen Sie die Schäden auf dem Übernahme-Protokoll ab und ergänzen Sie notfalls Beschädigungen.

Sie sollen am Schalter Zusatzversicherungen abschließen? Machen Sie klar, dass Sie keine weiteren Versicherungen brauchen –
z.B. auf Englisch: „The following insurances are already included in my booking: Excess waiver (In case of damage my deductible will be refunded). Liability insurance: Personal damages are insured up to 70,0 Mio. Euro. Property damages are insured up to 15,0 Mio. Euro. Tires, glass, roof, underbody – an additional insurance with the same coverage is not required."

Der Mietwagen-Mitarbeiter will das Auto nicht rausgeben, weil angeblich eine Versicherung fehlt?
Totaler Unsinn! Das Fahrzeug muss Ihnen auch ohne Zusatzversicherung nach Hinterlegung der Kaution ausgehändigt werden. Weigert sich der Mitarbeiter, verlangen Sie den Chef oder kontaktieren Sie Ihren Mietwagen-Vermittler.

Ein Mitarbeiter sagt Ihnen:
„Stellen Sie das Auto einfach auf den Parkplatz."
Auf keinen Fall machen! Bestehen Sie darauf, dass die Abgabe genau protokolliert wird. Sonst könnte man Ihnen später einen Schaden unterjubeln.

Kontrollieren Sie auf der Kreditkarten-Abrechnung, ob der Vermieter nicht doch Geld abgebucht hat.
Reklamieren Sie das bei der Mietwagenfirma und bei Ihrer Bank.

Ein Service von

Juristische Beratung: Volljuristin Josephine Frindte (Verbraucherzentrale Berlin)
info.BILD.de | Illustrationen: BILD Infografik

Tricksen Sie doch das Ticketsystem der Bahn aus

Jahr für Jahr soll bei der Deutschen Bahn vieles besser werden. Doch mit Verspätungen müssen wir uns wohl weiter herumärgern. Da könnte man ja mal die Bahn zurückärgern. Denn: Deren Buchungssystem lässt einige Schlupflöcher zu, um noch größere Rabatte rauszuholen. So geht's:

▶ **Der Umwege-Trick:** Ich wollte von Köln nach Berlin fahren, hatte aber einen ganzen Tag lang Zeit. Deshalb baute ich auf Bahn.de noch einen Zwischenstopp bei meinen Eltern in Hamburg ein (unter »Weitere Optionen«). Ich habe diesen Abstecher quasi kostenlos dazubekommen. Bei Umwegen (es müssen ja nicht immer so große sein) spare ich bis zu 50 Prozent, da die Günstig-Tickets auf beliebten Direktstrecken schnell ausverkauft sein können.

Fazit: Ich fuhr mit dem Sparpreis und zusätzlichem Bahncard-Rabatt (35,90 Euro in der 1. Klasse mit gratis Sitzplatzreservierung, einem kleinen Frühstück in der 1.-Klasse-Lounge in Köln und gratis Softdrinks in der Hamburger Lounge) einen Tag durch halb Deutschland. In der 2. Klasse kostet die Fahrt im günstigsten Fall 19,90 Euro (Supersparpreis, ohne Bahncard-Rabatt). Bahn-Freaks lernen so für kleines Geld mit noch mehr Stopps Deutschland kennen.

▶ **Der City-Ticket-Trick:** Sie wollen von Hamburg-Bergedorf (weil Sie dort vielleicht wohnen) nach Berlin-Yorckstraße (weil Sie dort einen Termin haben). Buchen Sie den eigentlich billigsten Supersparpreis-Tarif so auf Bahn.de, kostet es 29,90 Euro. Buchen Sie nur Hamburg Hauptbahnhof bis Berlin Hauptbahnhof und nehmen den eigentlich etwas teureren Sparpreis, zahlen Sie nur 23,90 Euro. Sechs Euro gespart! Denn im Sparpreis ist das sogenannte City-Ticket eingeschlossen, das die kostenlose An- und Abreise mit S-Bahn, U-Bahn oder Bus vom und zum Fernbahnhof ermöglicht.

Ist doch verrückt! Eine Bahn-Sprecherin: »In den 29,90 Euro ist ein pauschaler Aufschlag von zehn Euro enthalten, da wir noch Anteile an die Nahverkehrsunternehmen abführen müssen. Wir sind uns bewusst, dass diese Form des Hinweises es derzeit unseren Kunden nicht leicht macht, immer den für Sie günstigsten Tarif zu finden.«

▶ **Der Bahnhofs-Trick:** Für Regio-Züge allein gibt es keinen Supersparpreis. Sie wollen den trotzdem? Buchen Sie vor der Regio-Fahrt einfach ein kurzes Stück ICE oder IC. Beispiel: Das billigste Ticket im Regio-Zug von Rostock nach Berlin kostet ohne Bahncard 27 Euro. Buche ich noch eine Station IC nach Rostock (z. B. ab Ribnitz-Damgarten) dazu, kostet das günstigste Ticket nur 20 Euro (allerdings mit Zugbindung). Ich steige natürlich trotzdem erst in Rostock ein. Das funktioniert auch gut mit Bahncard-50-Rabatt, den es auf vielen Regio-Strecken so nicht gibt.

▶ **Der Tschechen-Trick:** Ich buche auf der Website der Tschechischen Bahn (gibt es auch auf Deutsch) Fernstrecken nach Deutschland. Der Clou: Sie fahren natürlich nicht durch Tschechien, sondern nutzen nur die deutsche Strecke. Gute Beispiele: von Prag über Berlin nach Hamburg, von Cheb über Nürnberg nach Düsseldorf. Auch verrückte »Umweg-Strecken« wie von Hanau über Hamburg nach Decin (Tschechien) oder von Decin über Berlin nach München funktionieren, berichten User in Blogs. Preise: 2. Klasse ab 19,30 Euro, 1. Klasse ab 34,70 Euro. Buchbar: drei Monate im Voraus.

Sparfochs-Urteil: Wer rechtzeitig bei der Bahn bucht (mit Bahncard und vielleicht nicht an Freitagen oder Sonntagen), erzielt ähnlich gute Preise. Aber: Der Tschechen-Trick kann sich bei Buchungen von weniger als sechs Wochen vor dem Reisetag lohnen. Und: Es gibt nur auf der ersten Verbindung aus Tschechien eine Zugbindung. Wenn Sie da sowieso nicht einsteigen, können Sie am Reisetag jeden DB-Zug in Richtung Ihres Ziels nutzen.

Bahn-Ärger: Holen Sie sich Geld zurück!

Erst der Ärger am Reisetag, dann der Frust beim Beantragen der Reisepreiserstattungen, wenn ein Zug ausfällt oder verspätet ist. Die Bahn hat dafür ein klein gedrucktes Fahrgastrechte-Formular vorbereitet. Das muss ich ausfüllen (geht immerhin schon am Computer), alle Angaben machen,

Ticket und Formular in einen Umschlag stecken, Briefmarke drauf und in den Kasten. Nach maximal vier Wochen kriege ich Rückmeldung. Oder im Reisezentrum anstellen: Bei am Schalter gekauften Tickets gibt's dann immerhin sofort Geld zurück.

Man kann aber auch viel leichter seinen Antrag auf Erstattung einreichen. Endlich erfunden (leider nicht von der Bahn): ein Internetdienst, der innerhalb von 24 Stunden auszahlt.

Die Website heißt Bahn-Buddy (*www.bahn-buddy.de*). Die Betreiber: ein Start-up aus Düsseldorf (17 Angestellte). Der Trick: Der Betreiber, die RightNow GmbH, kauft Kunden die Forderungen an die Bahn ab und zahlt diese vorab aus – abzüglich einer Provision von durchschnittlich 12 Prozent.

Das geht so: Ich lade auf Bahn-Buddy mein Online-Ticket (auch ein Screenshot aus der Bahn-App) hoch, beantworte zwei leichte Fragen, trage den Ticketpreis und Kontaktdaten ein. Ich sende alles ab. In meinem Sparfochs-Test gab's nach rund zwei Stunden Feedback. Der Erstattungsbetrag für ein 35,90-Euro-Sparticket (mehr als eine Stunde Verspätung): 8,98 Euro wie bei der Bahn, abzüglich 12 % Provision für Bahn-Buddy = 7,90 Euro. Wenn ich zustimme, wird das Geld von Bahn-Buddy innerhalb von 24 Stunden ausgezahlt. Wer ein Paypal-Konto angibt, hat es noch schneller.

Einschränkungen bei Bahn-Buddy

▶ Entschädigungsbeträge von weniger als 4 Euro werden nicht ausgezahlt. Bahn-Buddy-Chef Phillip Eischet: »Das ist wie bei der Bahn. Auch die zahlt Kleinbeträge nicht aus.«

▶ Bahn-Buddy konzentriert sich bislang nur auf Tickets der Deutschen Bahn. Entschädigungen für kleinere Anbieter (zum Beispiel FlixTrain, auch hier gelten die Fahrgastrechte) gibt's noch nicht.

Und was macht das Unternehmen mit den abgekauften Forderungen? Eischet: »Wir reichen sie später gesammelt bei der Bahn ein und bekommen wie die Passagiere das Geld erstattet.«

Das Risiko für das Start-up besteht darin, dass nicht alle Forderungen von der Bahn akzeptiert werden. Das kann dann sein, wenn zum Beispiel eine Verspätung am Ende 59 Minuten statt 61 Minuten betrug. Eischet: »In solchen Grenzfällen kann unsere Provision auch bis zu 20 Prozent betragen.« Sein Unternehmen speichert alle frei zugänglichen Verspätungsmeldungen der Bahn in einer eigenen Datenbank, um über die Angebote an Kunden entscheiden zu können.

Was sagt die Bahn zu der Website?

Ein Sprecher: »Es ist verständlich, dass das derzeitig praktizierte Verfahren der Fahrpreisentschädigung und -erstattung von unseren Kunden als nicht mehr zeitgemäß empfunden wird und einfache Lösungen gewünscht werden.« Auch die Deutsche Bahn wolle das Verfahren beschleunigen.

Doch es gibt auch Kritik an Bahn-Buddy: »Den Prozess jedoch nur teilweise zu digitalisieren und auf online gekaufte Fahrkarten zu beschränken, würde für unsere Kunden nicht zu den gewünschten Verbesserungen führen«, so der Sprecher.

Der Bahn-Buddy-Boss kontert: »Wir nehmen auch eingescannte Offline-Tickets entgegen. Die müssen aber noch manuell bearbeitet werden.«

Gut: Wie bei der Bahn sind Erstattungen bis zu einem Jahr rückwirkend möglich. Mein Tipp: Denken Sie mal nach, vielleicht steht Ihnen ja aus den letzten 365 Tagen eine Entschädigung zu.

Was kriege ich als Kunde bei Zugverspätungen oder Ausfällen?

▶ Ab 60 Minuten Verspätung an ihrem Zielbahnhof erhalten Fahrgäste eine Entschädigung von 25 Prozent des gezahlten Fahrpreises für die einfache Fahrt, ab 120 Minuten Verspätung 50 Prozent. Bei Fahrkarten für die Hin- und Rückfahrt wird die Entschädigung auf der Grundlage des halben entrichteten Fahrpreises berechnet.

▶ Bei einer zu erwartenden Verspätung am Zielbahnhof von mehr als 60 Minuten kann der Fahrgast von seiner Reise zurücktreten und sich den vollen Fahrpreis erstatten lassen oder bei Nutzung einer Teilstrecke sich den nicht genutzten Anteil erstatten lassen oder bei Reiseabbruch und Rückkehr zum Ausgangsbahnhof sich den bereits genutzten Anteil und den nicht genutzten Anteil erstatten lassen.

Wichtig: Im Gegensatz zum Flugverkehr muss die Bahn auch bei außergewöhnlichen Umständen (wie Sturm oder Streik) entschädigen.

FINANZEN

So sparen Sie sich lästige Bank- und Geldgebühren

Bankgebühren sind wirklich ärgerlich – aber oft vermeidbar. Das sind meine Tipps:

Tipp 1: Monatsgebühren streichen! Ich bin zu Girokonten (zum Beispiel ING, DKB) und Kreditkarten (zum Beispiel einige Barclaycards) ohne monatliche Gebühren gewechselt. Aber: Lesen Sie die Bedingungen genau.

Tipp 2: Wenn Sie nicht wechseln wollen: Sprechen Sie Ihren Bankberater auf die hohen Gebühren an. Er kann sicher Rabatt geben.

Tipp 3: Checken Sie Kontoauszüge online. Dann sparen Sie sich die Gebühren für den Brief von Ihrer Bank.

Tipp 4: Auch wenn es verlockend ist, sich mit der Kreditkarte Geld am Automaten in Deutschland zu holen: Vorsicht, Kostenfalle! Da werden mal eben um die 4,50 Euro fällig. Lieber mit der EC-Karte kostenfrei im eigenen Bankenverband Geld ziehen.

Tipp 5: Rechnungen immer sofort bezahlen, sonst verlieren

Sie Zahlungsfristen aus den Augen. Mahngebühren können Sie sich sparen.

Tipp 6: Kündigen Sie Ihren Dispo-Kredit! Das spart einerseits Zinsen, andererseits gibt es Ihnen die Sicherheit, nur so viel Geld auszugeben, wie Sie haben.

Tipp 7: Kaufen Sie auch teure Dinge nur im absoluten Ausnahmefall auf Raten. Sie könnten den Überblick über Ihre Finanzen verlieren. Es drohen Schulden und Verzugszinsen.

Tipp 8: Sie brauchen Dollar oder Rubel für die Reise? Nie an den Schaltern am Airport wechseln – zu teuer! Bei einmaliger Abhebung lohnt es sich, Geld im Urlaubsland zu ziehen. Es gibt zwar fast immer eine Automatengebühr, aber der Umrechnungskurs ist meist fair. Achtung, auch Ihre Hausbank könnte überhöhte Gebühren verlangen. Vorher fragen und vergleichen!

Tipp 9: Wer oft im Ausland außerhalb des Euro-Raums ist oder online in Fremdwährung bestellt, für den lohnt sich eine Kreditkarte ohne Auslandseinsatzgebühr: zum Beispiel von Advanzia Bank, DKB oder Barclaycard.

Tipp 10: Achten Sie bei Fonds auf einen niedrigen Ausgabeaufschlag. Der frisst sonst oft einen großen Teil der Kursgewinne auf. So haben Sie oft erst nach einem Jahr Ihre Anlagegebühren wieder drin. Aber: Wollen Sie Ihr Geld langfristig (ab 15 Jahre) anlegen, spielt der Ausgabeaufschlag rechnerisch eine kleinere Rolle.

Achtung! Banken verlangen diese irren Gebühren

Banken in Deutschland haben's schwer: Wegen der Niedrig-zinsen haben sie deutlich weniger Einnahmen. Und Direkt-banken locken den klassischen Geldhäusern die Kunden weg. Das Rezept: Heimlich neue Gebühren einführen. Die sind zwar im Kleingedruckten genannt, aber wer liest das schon?

Die Banken sind besonders erfinderisch. Ich habe mit Experten gesprochen und Preislisten gecheckt.

Hier kommen irre Beispiele:

▶ Die Volksbank Neckartal (Baden-Württemberg) verlangt beim Premium-Konto für jede Münzgeld-Einzahlung (auch am Automaten) 3,50 Euro. Besonders gemein: Im Preisverzeichnis steht 0,00 Euro, die Sondergebühr ist im Sternchentext versteckt.

▶ Wer bei der Sparkasse Märkisch-Oberland (Brandenburg) das »S-Privat Klassik«-Konto hat und mehr als 50 Mün-zen am Schalter einzahlt, zahlt 99 Cent plus 2,49 Euro Bearbeitungsgebühr. Das heißt: Bei 300 Ein-Cent-Mün-zen (3 Euro) ist Wegwerfen oder Verschenken billiger. Dann lieber am Automaten einzahlen, kostet nur 39 Cent.

▶ Dass eine telefonische Überweisung ins Geld gehen kann, zeigt die VR-Bank Fulda mit 3,50 Euro pro Stück beim Aktiv-Konto. Wer die Überweisung am SB-Terminal vor-nimmt, zahlt das Gleiche. Nur die Online-Überweisung ist kostenlos.

- Wer seinen Berater bei der VR-Bank Rhein-Sieg anruft, damit der eine Überweisung für das Classic-Konto »formlos« vornimmt, zahlt satte 10 Euro.

- Die Einrichtung oder Änderung eines Dauerauftrags durch einen Bankmitarbeiter der Sparkasse Freyung-Grafenau (Bayern) kostet 2,50 Euro (gilt fürs Girokonto Classic). Der Online-Preis: 50 Cent.

- Die Volksbank Vogtland kassiert beim Konto »VR-Basis Direkt« für eine Eilüberweisung satte 25 Euro – selbst wenn nur 10 Euro transferiert werden. Zum Vergleich: Bei der Volksbank Göppingen zahlt man dafür nur 6 Euro.

- Für die Platin-Kreditkarte mit großem Reiseversicherungspaket verlangt die Volksbank Raiffeisenbank Vilshofen sage und schreibe 800 Euro pro Jahr. Nur 200 Euro sind es bei der Kreissparkasse Ravensburg bei einer vergleichbaren Karte.

- Die Girocard ist bei vielen Banken und Sparkassen noch immer kostenlos. Die VR-Bank Fulda nimmt dagegen 15 Euro pro Jahr beim »GiroAktiv«-Konto.

- Krasse 17,50 Euro im Monat für das Basiskonto berechnet die Volksbank Adelebsen (Niedersachsen). Überweisungen am Terminal und Girocard kosten noch extra.

- Die Raiffeisenbank Plankstetten (Bayern) verlangt heftige 13,75 Prozent für die Kontoüberziehung im Rahmen des Dispos. Viele andere Banken liegen deutlich unter 10 Prozent.

Welche Kreditkarte lohnt sich wirklich?

In Deutschland sind etwa 33 Mio. Kreditkarten im Umlauf.

Checken Sie mal Ihren Tarif: Der Monatsbeitrag für Ihr Girokonto wäre ohne Kreditkarte höchstwahrscheinlich günstiger. Bei der Deutschen Bank kostet die Standard-Mastercard ohne Versicherungsleistungen 39 Euro im Jahr. Sparen Sie sich das Geld! Ich habe über Monate Gratis- und Teuer-Kreditkarten getestet. Es gibt Licht und Schatten.

▶ Akzeptieren Sie keine Jahresgebühren! Ausnahme: Sie erhalten Ermäßigungen, Boni oder Sonderleistungen, die sich wirklich lohnen.

▶ Gratis-Kreditkarten locken mit Boni bei Neuabschluss. Nehmen Sie die 25 oder 50 Euro auf jeden Fall mit. Vergleichsportale wie Check24 oder Verivox bieten meistens exklusive Boni, die es anderswo nicht gibt. Kann sich lohnen!

▶ Achten Sie darauf, dass bei der monatlichen Abrechnung wirklich 100 % ausgeglichen werden und nichts stehen bleibt, wofür Ihnen dann Zinsen abgeknöpft werden.

▶ Supersparfüchse machen Kreditkarten-Hopping, um die Prämien mehrerer Anbieter einzustreichen. Geht aber nur eine Zeit lang gut, denn die Absahner könnten auf einer schwarzen Liste der Anbieter landen. Der sogenannte Schufa-Score verschlechtert sich beim Besitz mehrerer

Kreditkarten – so meine Erfahrung – nur, wenn man mit der Rückzahlung Probleme hat.

Sparfochs-Fazit: Wer das Kleingedruckte genau liest, hat mit Gratis-Kreditkarten viel Freude.

Die besten Gratis-Karten

- Payback American Express: dauerhaft gratis, bei jedem Umsatz Payback-Punkte sammeln, 100 %-Lastschrift.
- Amazon Visa für Prime-Mitglieder: dauerhaft gratis, 3 % Erstattung bei Amazon-Käufen. Für alle anderen: im ersten Jahr gratis, danach 20 Euro/Jahr, 100 %-Lastschrift, 2 % bei Amazon zurück.
- Barclaycard Visa: dauerhaft gratis, weltweite Abhebung gratis (evtl. Automatengebühren), ohne Fremdwährungsgebühr, 100 %-Ausgleich nur manuell.
- ICS Visa World: dauerhaft gratis, 100 %-Lastschrift, Abhebung in Euro-Zone gratis (evtl. Automatengebühren).
- Hanseatic Visa Genial: 50 Euro zum Start, dauerhaft gratis, 100 %-Lastschrift, Apple Pay möglich.
- Santander 1plus Visa: dauerhaft gratis, ohne Fremdwährungsgebühr, weltweite Abhebung gratis (evtl. Automatengebühren), 100 %-Ausgleich nur manuell.
- Advanzia Mastercard GOLD: dauerhaft gratis, sogar eingeschlossene Versicherungsleistung (aber an spezielle Bedingungen geknüpft – daher genau lesen), ohne

Fremdwährungsgebühr, 100 %-Ausgleich aber nur per manueller Überweisung.

Wann sich Teuer-Karten lohnen

Gold-Karten enthalten Reiseversicherungen, die, separat gebucht, teurer sein können (das Kleingedruckte lesen!). Lohnen sich für Vielreisende.

- **Miles and More Gold Card:** 9,16 Euro/Monat, gute Versicherungsleistungen, für zwei Euro gibt's eine Prämienmeile. Lufthansa-Meilen verfallen nicht mehr.
- **American Express Gold:** 12 Euro/Monat, gute Versicherungsleistungen, Bonuspunkte lassen sich flexibel umwandeln. Apple Pay möglich.

Vorsicht! Die Tricks der Banken

Um mit Gratis-Karten noch etwas zu verdienen, tricksen etliche Banken.

- **Rückzahlung in Raten:** Beim Abschluss mancher Kreditkarten ist die Ratenzahlung voreingestellt. Heißt: Es laufen zum Teil Zinsen auf, die Sie zahlen müssen.
  Lösung: Bestehen Sie schriftlich auf einer 100 %-Rückzahlung.
- **Manuelle Rückzahlung:** Die Bank zieht bewusst Kreditkarten-Umsätze NICHT per Lastschrift ein. Sie müssen

das Geld jeden Monat manuell überweisen. Versäumen Sie Fristen, müssen Sie Horrorzinsen zahlen.

Lösung: Finden Sie heraus, wann die Abrechnung kommt, und stellen Sie im Handy eine Erinnerung ein.

▶ **Versteckte Gebühren:** Vollmundig heißt es in der Werbung: »Kostenloses Bargeldabheben im Ausland«. Dass Automatenbetreiber sehr oft Extragebühren (etwa 2,95 Euro in Spanien oder noch mehr in den USA) kassieren, die ich auf jeden Fall zahlen muss, steht nur im Kleingedruckten.

Lösung: Lieber einmal einen größeren Betrag abheben als mehrfach kleinere.

▶ **Schwerfälliger Service:** Laut Visa und Mastercard sind Karteninhaber gegen Betrug und sogar Insolvenz geschützt. Fordert man im Schadensfall eine Erstattung von der Bank, hören Sie oft (wie mir Leser schilderten): »Nein, da gibt es nichts.« Entweder die Bankberater wissen es nicht, oder sie sollen Kundenansprüche bewusst abbügeln.

Lösung: Bitten Sie Mastercard oder Visa um Hilfe, wenn Sie bei der Bank nicht weiterkommen.

Insolvenz – so retten Sie Ihr Geld!

Bei Fluggesellschaften passierte es immer wieder: Air Berlin weg, Germania pleite, Small Planet zahlungsunfähig. Aber es kann auch andere Branchen treffen. Bei Insolvenz sind Sie meist der Dumme. Sie können ja nicht wissen, dass eine Firma Zahlungsschwierigkeiten hat.

Damit Sie nicht (leider meist erfolglos) Ihrem Geld hinterherlaufen müssen, habe ich diese drei Tipps:

▶ Nie per Vorkasse überweisen. Ihre Kohle wäre bei einer Insolvenz weg. Beim Konkursverwalter ist meist nichts zu holen.

▶ Bei Dauerverträgen (zum Beispiel Strom, Gas) nicht per Dauerauftrag überweisen. Das Geld wäre verloren. Lieber ein Lastschrift-Mandat einrichten. Dann können Sie jede Abbuchung innerhalb von sechs Wochen widerrufen.

▶ Bei Online-Händlern und Airlines immer mit Kreditkarte (Visa & Mastercard) zahlen. Kriegen Sie keine Gegenleistung, steht die Kreditkartenfirma ein. Dann wird von der Bank das sogenannte Chargebackverfahren eingeleitet. Die Strategie: Sie reklamieren den Umsatz einfach bei Ihrer Bank, die die Kreditkarte herausgegeben hat.

Tipp: Seien Sie beharrlich! Meist aus Unwissenheit (Vorsatz möchte ich hier nicht unterstellen) geben Bankmitarbeiter Kreditkarteninhabern oft die falsche Auskunft, dass eine Erstattung nicht möglich sei.

Ich habe bei Mastercard, Visa und American Express nachgefragt. Hier die Antworten:

Mastercard: »*Wenn Karteninhaber mit ihrer Mastercard bezahlen, sind sie geschützt, wenn eine Fluggesellschaft oder ein*

anderes Unternehmen Insolvenz anmeldet, bevor sie ihre Waren
oder Dienstleistungen erhalten haben.«

Im Klartext: Der Kunde kriegt die Summe der Ticketkäufe höchstwahrscheinlich zurück.

Visa: *»Jeder Verbraucher, der seine Online-Einkäufe mit Visa bezahlt, ist auch automatisch geschützt, wenn z. B. gebuchte Flugtickets nicht eingelöst werden können, weil eine Airline vor oder während des Urlaubs in die Insolvenz geht.«*

Im Fall der Insolvenz einer Airline hat der Karteninhaber seinen Anspruch wegen einer nicht erbrachten Leistung grundsätzlich gegen die Fluggesellschaft zu richten. Dies gilt auch für Fälle, in denen nur ein Teil der Leistung (beispielsweise nur der Hinflug) erbracht wurde. Wird der Schaden von der Versicherung der Airline nicht getragen, kann er diesen Anspruch gegenüber seiner kartenausgebenden Bank geltend machen. Dann kommt es zu einer Einzelfallprüfung durch die Bank.

American Express: *»Schutz gegen Insolvenz einer Airline gibt es über die Kreditkarte nicht. Aber wir werden selbstverständlich alle Anfragen prüfen und eine Lösung für unsere Kunden finden.«*

Sparfochs-Urteil: Nur bei Mastercard und Visa stehen die Chancen gut, Ihr Geld zu retten.

So kriegen Sie die Schufa-Auskunft wirklich gratis

Ist die Schufa eigentlich unser Freund oder Feind? Manchmal ist das schwierig zu sagen ...

Bei Ratenkäufen, Verträgen oder Finanzierungen checken Händler mithilfe der Schufa, wie kreditwürdig wir sind. Im Internet tummeln sich Unternehmen, die Geschäfte mit Auskünften machen, die eigentlich gratis sind. Ein gutes Geschäft: Sie nutzen es aus, dass wir Verbraucher uns nicht richtig auskennen. Verbraucherschützer warnen, Staatsanwälte ermitteln. Das Schlimme: Auch wenn die Schufa keine Verträge mit diesen Dienstleistern hat, macht sie es ihnen leicht.

Darum geht's: Jeder Verbraucher darf einmal im Jahr kostenlos eine Selbstauskunft über seine bei der Schufa gespeicherten Daten anfordern. Aber wie geht das? Auf der eigenen Internetseite (*www.meineschufa.de*) findet sich die kostenfreie Schufa-Dienstleistung ganz am Ende unter dem Begriff »Datenkopie«. Ganz oben stehen jede Menge kostenpflichtige Dienste. Ein Sprecher: »Es reicht aber auch ein Anruf bei uns.«

Doch das weiß nicht jeder! Also suchen Menschen im Internet nach »kostenlose Schufa-Auskunft« und landen auf Seiten von Dienstleistern, die genau damit werben.

Vorsicht! Ein Beispiel, das in BILD erschien:

Die Firma Supernova Advertising wies im Internet auf das Recht der kostenlosen Selbstauskunft hin, verlangte aber im Kleingedruckten 17,95 Euro. Dazu der Hinweis: »Die Rechnung kommt per E-Mail.« Ahnungslose Kunden bestellten und bekamen tatsächlich die Datenkopie von der Schufa. Doch es gab trotzdem jede Menge Streit. Denn viele Kunden bekamen einen Mahnbescheid eines Inkassoanwalts, womit aus unter 20 Euro rund 100 Euro wurden. Aber die Kunden hatten nach eigener Auskunft nie eine Rechnung per Mail erhalten (was Supernova bestreitet).

Und: In einem Verfahren vor dem Amtsgericht Westerstede (Niedersachsen, Az.: 22 C 276/18) entschied der Richter, dass eine Supernova-Werbeanzeige, wie man sie bei Google finden kann und die verspricht: »Kostenlose Selbstauskunft: Einfach und schnell anfordern«, den Tatbestand der »arglistigen Täuschung« erfüllt: »Wenn es kostenlos heißt, muss auch eine insgesamt kostenlose Selbstauskunft gemeint sein.«

Und was sagt Supernova? Die Firma lässt die Kanzlei »RSW Beratung« antworten, die auch die Mahnungen verschickt und die Forderungen eintreibt. Ein Anwalt: »Der größte Anteil der Kunden unserer Mandantin zahlt rechtzeitig, sodass ein Tätigwerden unsererseits nicht erforderlich ist. Der Kunde erhält anschließend über seine angegebene E-Mail-Adresse eine Eingangsbestätigung, einen Leistungsnachweis sowie eine Rechnung.« Die Internetseite sei nicht zu beanstanden. Die Supernova-Anwälte schweigen zu der Frage, wie viele Mahnbescheide bereits verschickt wurden.

Die zuständige Staatsanwaltschaft Kempten teilte mit: »Uns liegt eine mittlere zweistellige Anzahl an Anzeigen vor.« Sicher ist auch: Viele Kunden zahlen lieber, als sich mit Anwälten anzulegen.

BILD-Recherchen ergaben: Die Schufa selbst macht es den Abzockern leicht. Denn die Dienstleister schicken nur ein Fax an die Schufa, die dann die an sich kostenlosen Briefe rausschickt. Ein Schufa-Sprecher: »Würde der Verbraucher jetzt auch noch von uns mit Hemmnissen konfrontiert, wäre sein Schaden noch größer, da er ja Kosten hat. Zudem gehen wir mit den uns zur Verfügung stehenden rechtlichen Möglichkeiten gegen Anbieter vor, bei denen aus unserer Sicht Verbraucher in die Irre geführt werden.«

Weiterer Verbraucherschutz-Vorwurf an die Schufa: Während bei kostenpflichtigen Diensten die Kunden meist schon nach wenigen Tagen Auskünfte erhalten, dauert die kostenlose Datenkopie länger – beim BILD-Test zweieinhalb Wochen. Dazu der Schufa-Sprecher: »Unsere Produkte wie beispielsweise die Bonitätsauskunft erfüllen andere Aufgaben als die Datenkopie. Diese ist dem Gesetz nach innerhalb von vier Wochen zu erteilen. Wir unterschreiten diese Frist regelmäßig deutlich. Im Durchschnitt haben Verbraucher bereits nach 14 Werktagen ihren Brief.«

Achtung, Schuldenfalle!

Manchmal ist die finanzielle Lage halt angespannt. Dieses Kapitel ist für Menschen, die sich nicht vorstellen können, irgendwann einmal in die Schuldenfalle zu tappen …

Aber: Das neue Bett, der teure Urlaub, der tolle Fernseher – da ist das Ersparte schnell weg. Mit dem nächsten Gehalt, der nächsten Rentenzahlung ist hoffentlich alles wieder in Ordnung. Aber was ist, wenn nicht? Ab wann sollten wir uns Sorgen über unsere Finanzen machen? Ich sprach mit Ines Moers, Geschäftsführerin der Bundesarbeitsgemeinschaft Schuldnerberatung.

Das sind die Alarmzeichen

▶ Drei Monate nacheinander ist der durchschnittliche Überziehungsbetrag mindestens halb so hoch wie der durchschnittliche monatliche Geldeingang auf dem Konto.
▶ Oder: Über einen Zeitraum von sechs Monaten ist der eingeräumte Dispo zu 75 Prozent ausgeschöpft.
▶ Bei jeder größeren Anschaffung rutsche ich in den Dispo.
▶ Ich möchte nicht mehr über Geld reden, nehme keine Spartipps von Freunden mehr an.

- ► Ich habe wegen unerfreulicher Post Angst, zum Brief-kasten zu gehen.

Ines Moers: »Ich rate, bei der Bank den Dispo streichen zu lassen und das Girokonto nur als Guthabenkonto führen zu lassen. Das verhindert, dass ich mehr ausgebe, als ich habe.«

So werden Sie Ihre Konsumschulden wieder los

- ► Überprüfen Sie kritisch Ihre laufenden Verträge (Handy, Internet, Pay-TV-Abos, Fitnessstudio). Nutzen Sie wirk-lich alles ausgiebig? Wenn nicht, sofort zum nächstmög-lichen Zeitpunkt kündigen.
- ► Prüfen Sie, ob Sie durch abgespeckte Verträge Ausgaben sparen können. Beispiel: Brauche ich wirklich extrem schnelles Internet zu Hause, oder reicht auch Normal-geschwindigkeit? »Sprechen Sie mit den Anbietern über den Wechsel in einen günstigeren Vertrag und Ihre Zah-lungsschwierigkeiten. Es lohnt sich«, so eine Schuldner-beraterin zu mir. »Jeder Provider hat ein Interesse, dass Sie zahlen können.«
- ► Listen Sie Ihre Einnahmen und Ausgaben in einem Haus-haltsbuch auf. Überlegen Sie dann, wo Sie sparen können. Ist das eigene Auto wirklich nötig?
- ► Beim Dispokredit zahlen Sie oft horrende Zinsen. Spre-chen Sie mit Ihrer Bank über günstigere Kredite. Den Dispo kündigen. Vorsicht bei Lockangeboten im Netz. Der Zins ist bei schlechter Bonität oft höher.

- Löschen Sie im Kundenkonto bei Online-Händlern Ihre Zahldaten – das verhindert unnötige Spontankäufe.
- Es kann sich lohnen, Markenkleidung, Handys oder Tablets bei Ankauf-Händlern zu verkaufen, wenn Sie die Dinge ohnehin nicht nutzen. Wichtig: Alles sollte in gutem Zustand sein. Der Verkauf auf Ebay lohnt nur, wenn Sie Ihre Sachen im Rahmen von Sonderaktionen mit reduzierter Verkaufsprovision einstellen.
- Nehmen Sie Hilfe an: Bei gemeinnützigen Organisationen ist die Schuldnerberatung kostenfrei.

Achtung, Geldverschwendung: Diese Versicherungen sind Quatsch!

Ein sorgenfreies Leben dank Versicherungen? Wir alle kennen die Werbung. Ich sage: Sie und ich werfen zu viel Geld den Konzernen nach – und oft auch aus dem Fenster. Welche Versicherungen sind also Quatsch?

Für Versicherungskonzerne ist es sicher gut, dass die meisten Verträge nach dem Abschluss einfach in einem Aktenordner im Schrank verschwinden. Einmal im Jahr verlängern sie sich automatisch, der Beitrag wird abgebucht, man denkt kurz: »Hätte ich vielleicht rechtzeitig kündigen sollen?« – und dann wird der Vertrag wieder vergessen. Bis zur nächsten Abbuchung.

Aber das muss nicht so sein. Ein erster Schritt, um nicht

den Überblick zu verlieren: ein »Versicherungsmanager« im Internet oder per App (zum Beispiel Check24, Clark, Getsafe). Entweder schließen Sie dort (günstigere) Neuverträge ab, oder Sie übertragen per Maklermandat Ihre kompletten Versicherungen mit persönlichen Daten wie Wohnort, Einkommen und Familienstand vom bisherigen Versicherungsvertreter auf eine neue Firma.

Vorsicht: Ihr bisheriger Ansprechpartner vor Ort ist dann nicht mehr zuständig.

Und auch das ist die Wahrheit: Sie wissen nicht, wie kompetent die Berater von Versicherungsanbietern im Internet sind. Lassen Sie sich nichts aufschwatzen oder sich vorschnell zum Abschluss drängen – schon gar nicht mit Lockangeboten oder Sonderrabatten. Lesen Sie die Bedingungen genau!

Welche Versicherungen brauche ich wirklich?

Meine Meinung: Ich brauche eine Absicherung, wenn ein Versicherungsfall (zum Beispiel Unfall, Feuer, Krankheit) mein ganzes Leben ruinieren kann. Oder in Fällen, die vergleichsweise häufig eintreten können – zum Beispiel Fahrraddiebstahl in Berlin. Aber bloß keine eigene Radversicherung, sondern lieber eine Hausratspolice, die auch bei Zweiradklau eintritt.

Diese fünf Versicherungen können weg:

▶ **Insassenunfallversicherung** (Beitrag: 5 bis 10 Euro/Monat)
Meist ist sie überflüssig, denn bei einem selbst verschuldeten Unfall sind die Mitfahrer über die Kfz-Haftpflichtversicherung des Fahrers geschützt. Und bei einem fremdverschuldeten Unfall kommt für alle Unfallopfer die Kfz-Haftpflichtversicherung des Unfallverursachers auf.

▶ **Sterbegeldversicherung** (Beitrag: 5 bis 15 Euro/Monat)
Nachteil: Nur ein Teil der eingezahlten Prämie wird wirklich für den Sparanteil bezahlt. Der Rest wird für die Deckung der Verwaltungskosten und für den Risikoschutz verwendet. Und Sie zahlen Provisionen indirekt mit. Wenn Sie sich trotzdem unbedingt versichern wollen, wählen Sie lieber eine Risikolebensversicherung. Die bekommt aber nicht jeder.

▶ **Handy- und sonstige Geräteversicherungen** (Beitrag: 3 bis 6 Euro/Monat)
Totaler Quatsch. Die Policen sind teuer und schließen viele Risiken aus. Außerdem enthalten viele Geräteversicherungen eine hohe Selbstbeteiligung. Achtung: Möglicherweise sind manche Schäden bereits durch die Hausratversicherung abgedeckt.

▶ **Reisegepäckversicherung** (Beitrag: 4 bis 10 Euro/Monat)
So eine Versicherung für einen relativ hohen Betrag bietet nur einen minimalen Schutz.

Möglicherweise ist Ihr Reisegepäck in einer bestehenden Hausratversicherung versichert, wenn es aus dem verschlossenen Hotelzimmer gestohlen wird. Geht das Gepäck beim Flug verloren, haftet ohnehin die Fluggesellschaft.

▶ **Glasbruchversicherung** (Beitrag: 4 bis 7 Euro/Monat)
Es ist meistens deutlich günstiger, eine kaputte Scheibe selbst zu bezahlen, als jeden Monat ein paar Euro für die Versicherung aufzubringen. Bei einem Einbruch zahlt die Gebäudeversicherung des Vermieters, für die Sie ja über die Nebenkostenabrechnung zahlen.

Wichtig: Viele Schäden sind schon mit der Wohngebäude-, Privathaftpflicht- oder der Hausratversicherung abgedeckt.

Das Sparfochs-Sparpotenzial:
Haben Sie nur eine der genannten Versicherungen und kündigen diese, haben Sie im Schnitt 50 bis 120 Euro pro Jahr gespart.

Retten Sie Ihre alten Sparbücher!

Immer mehr Banken lösen alte Konten auf. Haben Sie im Keller oder im Schrank noch ein altes Sparbuch mit 100 D-Mark Guthaben liegen? Oder hat Oma noch eins? Dann sollten Sie Ihr Geld bald in Sicherheit bringen. Denn viele

Banken lösen Altkonten auf, wenn diese zehn Jahre oder länger nicht genutzt werden. Zwar schicken Kreditinstitute in der Regel eine Benachrichtigung, doch nicht immer ist die Anschrift noch aktuell.

Die Deutschen haben auf Sparkonten 586,5 Milliarden Euro liegen. Wie viel Geld davon »vergessen« ist, können Bundesbank und Bankenverband nicht beziffern.

Doch immer wieder schildern mir Leser, dass sie große Probleme haben, an ihr Erspartes zu kommen. Entweder hören Sie am Bankschalter: »Ihr Konto kann nicht aufgerufen werden. Sie müssen sich an die Zentrale wenden.« Dann müssen Briefe geschrieben oder Formulare ausgefüllt werden.

Oder durch Namenswechsel (etwa wegen einer Heirat) oder Umzug wird das Ermitteln der Daten kompliziert. Die Bearbeitung kostet Zeit – gerade dann, wenn rechtmäßige Erben zum Beispiel an die Konten von Verstorbenen wollen. So wollte ein Leser (66) ein Sparbuch seiner verstorbenen Mutter über 6.050,98 Euro auflösen. Doch die Postbank erklärte, es sei nicht feststellbar, was aus dem Guthaben geworden ist.

Fakt ist: Für alle Banken und Sparkassen gilt die steuerrechtliche Regel, Sparkonten, auf denen über 30 Jahre keine Umsätze getätigt worden sind, aus der Bilanz auszubuchen. Aber: Das Guthaben steht Ihnen, liebe Leser, natürlich trotzdem weiterhin zu! Selbst wenn Ihr Sparkonto aufgelöst und die Kontonummer neu an andere Kunden vergeben wurde. Für viele Banken sind »vergessene« Konten ein Ärgernis. Postbank-Sprecherin Iris Laduch:

»Für die Sparkonten, die nicht mehr vertrieben wurden oder von ihren Kontoinhabern ungenutzt blieben und nur geringste Einlagen aufwiesen, musste bei uns eine alte IT-Architektur aufrechterhalten werden. Dies verursachte überproportional hohe Kosten. Daher haben wir bis Mai 2013 fünf Jahre lang eine Kontoführungsgebühr von einem Euro pro Monat für Guthaben bis 60 Euro erhoben.«

Für diesen Sonderfall bedeutet das: Alle sehr alten Postsparbücher, die am 1. Januar 2008 nicht mehr als 60 Euro Guthaben aufwiesen, sind seit Anfang 2013 leer geräumt!

Das ist aus Ihrem alten Geld geworden – drei Beispiele:
▶ Wer vor 50 Jahren 50 Mark anlegte und im Schnitt 3 Prozent Zinsen erhielt, hätte heute (ohne Gebührenabzug) 219,20 Mark – 112,07 Euro.
▶ Wer 1949 10 Mark anlegte (durchschnittlich 4,5 % Zinsen), hätte heute 404,83 Euro.
▶ Aus 1.000 Mark aus dem Jahr 1960 wären bei 6,5 % Zinsen bis heute 2.924,59 Euro geworden.

Aber: Tatsächlich schlummern die Zinsen auf Sparbüchern seit zehn Jahren bei null Prozent ...

Nie mehr Inkasso-Angst

Um es klar zu sagen: Bei berechtigten Forderungen müssen Sie zahlen. Aber mit angeblichen oder tatsächlichen Zahlungsverpflichtungen wird ein Geschäft mit der Angst betrieben. Besonders viel Ärger bereiten Abzocker-Geld-eintreiber. Dubiose Inkassofirmen arbeiten mit wirklich schmutzigen Tricks: frei erfundene Forderungen oder Angst-mache mit drastischen Drohungen per Brief (zum Beispiel Gerichtsverfahren, sogar Gefängnis). Und viele Opfer zah-len aus Unwissenheit und aus Angst, vor Gericht gezerrt zu werden. Die Summen liegen zwischen 100 und 200 Euro, da sagen Betroffene: »Ich überweise lieber, um das von der Backe zu haben.« Doch dabei haben sie oft Geld zum Fens-ter rausgeworfen.

Ich sage: Bloß nicht zahlen! Lieber erst mal die Fakten checken …

Denn mehr als jede zweite Inkasso-Forderung ist un-berechtigt, sagt die Verbraucherzentrale. Wie zum Beispiel im Fall des Internetportals Probenheld.de (Firmensitz: an-geblich Karibik). Die Firma köderte 2019 arglose Nutzer mit Gratisprodukten zum Testen. Dann wollten andere Anbieter plötzlich Geld von ihnen, obwohl die Nutzer mit denen nie zuvor etwas zu tun hatten. Und kurz danach erhielten die Tester Post von der Inkassofirma »Euro Collect«. Deren Chef ließ zum Beispiel Forderungen von »Seitensprung.tv« (angeblich aus USA) und VeriPay aus Holland eintreiben.

Die Düsseldorfer Staatsanwältin Laura Hollmann schrieb mir auf Anfrage: »Zur Firma Euro Collect kann ich Ihnen mitteilen, dass hier zwar eine Vielzahl von Strafanzeigen ge-gen Verantwortliche der Firma, insbesondere gegen den Geschäftsführer Eduard Müller, eingegangen sind, ein Sam-melverfahren wegen ›bandenmäßigen Betrugs‹ aber nicht geführt wird. Die Verfahren wurden und werden hier überwiegend mangels hinreichenden Tatverdachts eingestellt, weil der Nachweis eines Betrugsvorsatzes letztlich nicht geführt werden kann.«

Nach der kritischen Berichterstattung mehrerer Medien und nach wütenden Protesten bei Facebook nahm Probenheld das zweifelhafte Angebot aus dem Netz.

Jochen Weisser (43), Jurist beim Verbraucherservice Bayern, sagt: »Sie haben im Internet nur dann einen Vertrag geschlossen, wenn Sie auf den Button geklickt haben, der Sie auf eine Zahlungspflicht hinweist, wie zum Beispiel ›Jetzt kaufen‹. Wer das nicht getan hat, kann ganz gelassen bleiben.« Grund: Vor Gericht haben die Anbieter oder die Inkassofirma keine Chance, an Ihr Geld zu kommen.

Mein Rat bei Inkasso-Ärger:
- ▶ Sparen Sie sich, die Unternehmen anzurufen oder Anzeige wegen Betrugs zu erstatten. Lohnt sich nicht.
- ▶ Weisen Sie die Forderung kurz und bündig schriftlich zurück. Dabei keine Teilgeständnisse einbauen wie »Ich war nur mal kurz auf der Website …«. Am Ende muss die Gegenpartei nachweisen, dass es einen Vertrag mit Ihnen persönlich gibt. Theoretisch könnte ja auch ein Dritter Ihre Daten verwendet haben.
- ▶ Lesen Sie Briefe genau. Widersprechen Sie auf jeden Fall fristgerecht einem möglichen Mahnbescheid! Sollte die Forderung eine Luftnummer sein, haben Sie erst dann Ruhe.

- Sie haben eine dubiose Zahlungsaufforderung erhalten? Auf der Internet-Seite *https://www.verbraucherzentrale.de/inkasso-check-start* können Sie dubiose Forderungen selbst überprüfen.
- Nutzen Sie das Tool auch, wenn Ihnen Gebühren bei berechtigten Forderungen zu hoch erscheinen. Da schlagen Geldeintreiber gern zu. Unberechtigt ist etwa die Umlage einer Kontoführungsgebühr oder Adress-Ermittlungskosten (außer, Sie sind umgezogen).
- Sollte die Forderung berechtigt sein, lieber bezahlen, um weitere Kosten zu vermeiden.

Achtung, so wollen dubiose Callcenter an Ihr Geld

Um es ganz klar zu sagen: Die meisten Mitarbeiter in Callcentern meinen es ehrlich und wollen Kunden bei Problemen auch wirklich helfen. Doch Abzocker haben erkannt: Wer sich in einer Grauzone oder jenseits der Legalität bewegt, kann mit Callcentern deutlich mehr verdienen. An dieser Stelle meine Warnung vor diesen Maschen und Tricks:

Der »großzügige« Anruf beim Kunden

Callcenter-Mitarbeiter: »Ich möchte Ihnen etwas schenken.«
Kunde: »Was denn?«

Callcenter: »Sie bekommen von mir eine kostenlose SIM-Karte mit zwei Gigabyte Surfvolumen, die Sie in Ihr Tablet stecken können.«

Kunde: »Das ist doch sicher nicht kostenlos …«

Callcenter: »Na ja, Sie haben bei uns momentan einen monatlichen Rabatt von zehn Euro. Der fällt beim neuen Vertrag weg. Insofern gleicht sich das aus.«

Von wegen! Der neue Vertrag ist also KEIN Geschenk, für den Kunden gleicht sich da gar nichts aus!
Die Mitarbeiterin einer großen Bank verrät mir: »Auch wir müssen am Telefon ständig neue Produkte anbieten.« Verkaufsgespräche, auf die der Kunde nicht vorbereitet ist.

Tipp: Sagen Sie gleich, dass Sie nie etwas am Telefon kaufen.

Der Gewinnspiel-Anruf oder COLD CALL (Anruf ohne Zustimmung)

Callcenter-Betrüger: »Hallo, Sie haben ja bei einem Gewinnspiel von Media Markt mitgemacht. Sie haben 10.000 Euro gewonnen.«

Betrüger arbeiten mit dreisten Lügen: Der Gewinn existiert nicht, der Veranstalter des Gewinnspiels ist ausgedacht. Jetzt gibt es folgende Varianten:

▶ Der Abzocker fragt Sie nach Ihrer Bankverbindung, damit der Gewinn überwiesen werden kann. Hat er die, könnten monatlich Gebühren abgebucht werden – da Sie nun angeblich einen Glücksspielvertrag abgeschlossen haben.

▶ Der Betrüger sagt, dass Sie eine Bearbeitungsgebühr (bei Autos, Fernsehern etc. auch Versand oder Zoll) zahlen müssen, bevor Sie den Gewinn erhalten. Überweisen Sie, geht der Terror weiter. Sie sollen weiteres Geld zahlen.

▶ Es werden Ihnen geschickt Dienstleistungen und Mitgliedschaften aufgeschwatzt.

Der Datensammlungs-Anruf

Die verschärfte Variante des COLD CALL geht so: Ein Betrüger-Callcenter hat auf dem Schwarzmarkt Ihre Daten gekauft, die Kriminelle bei einem Hacker-Angriff erbeutet haben. Der Betrüger ruft bei Ihnen an, um mehr zu erfahren.

Er könnte Sie beispielsweise hiermit konfrontieren: »Es läuft ja noch ein Vertrag bei der Lottogesellschaft.«

Sie: »Kann gar nicht sein.«

Der Betrüger: »Dann gleiche ich mal die Bankverbindung ab, um die Sache zu überprüfen. Sie sind doch bei der Kreissparkasse, oder?« Entweder weiß er es längst oder nennt einfach die größte Bank der Region, die ihm der Computer automatisch anzeigt.

Wenn Sie jetzt JA sagen, könnte der Betrüger das illegalerweise als Zustimmung zu einem Vertrag deuten und Geld abbuchen.

Weitere Variante: Die Verbindung wird plötzlich schlechter. Der Betrüger fragt: Sind Sie noch da? Sie sagen JA!

Sie merken: Das Zauberwort, das betrügerische Telefonverkäufer einmal aus Ihnen herauslocken müssen, ist »Ja«. Letzlich ist es egal, auf welche Frage Sie so geantwortet haben.

Tipp: Lassen Sie sich nicht am Telefon aushorchen, und kontrollieren Sie regelmäßig alle Abbuchungen! Denn: Ihre Daten könnten weiterverkauft werden. Im Betrüger-Jargon heißt das: »Die zweite Ernte.« Wie zynisch …

Wie arbeiten Abzock-Callcenter, die in Deutschland und im Ausland sitzen?

Ich sprach mit Experten der Branche. Sie berichten: Die Mitarbeiter telefonieren oft im Schichtsystem. Eine Software wählt täglich etwa 500 Nummern aus Datenbanken. Wird am anderen Ende der Leitung dann der Hörer abgenommen, übernimmt ein freier Callcenter-Agent das Gespräch. Ein Insider erzählt: »Dass wir Leute über den Tisch ziehen sollen, erzählt der Teamleiter nur im Vier-Augen-Gespräch.«

▶ Oft engagieren bekannte deutsche Firmen auch externe Dienstleister. Überschreiten diese Grenzen, ist der seriöse Auftraggeber fein raus: »Der Dienstleister war's.«

▶ Eine Insiderin zu mir: »Wir sind ein kleiner deutscher Standort, und selbst da haben wir zwei bis drei Mitarbeiter, die Kunden betrügen. Nicht wegen der Provision, die wirklich gering ist, sondern aus Prestigegründen. Sie wollen z. B. eine der Reisen gewinnen, die es für die besten Mitarbeiter gibt.«

▶ Callcenter-Mitarbeiter stehen mächtig unter Druck. Wer nicht die vorgegebene Anzahl von Abschlüssen am Tag macht, kriegt Ärger. Superverkäufer werden dagegen über den grünen Klee gelobt.

HAUSHALT/WOHNEN

So sparen BILD-Leser im Haushalt

Jeder kennt Spartricks – auch Sie bestimmt. Es muss nicht immer der große »Spar-Hammer« sein. Oft reichen auch kleine Beträge, die man nicht ausgeben musste, um Glücksgefühle auszulösen. Das Sprichwort heißt ja nicht umsonst: »Kleinvieh macht auch Mist!«

Das zeigen hier auf unterschiedliche Weise die Beispiele aus dem Alltag der BILD-Leser.

Heilerziehungspflegerin Frederike Zerkowski (26) aus Hamburg:
»Ich bin seit vier Jahren auf der Internetseite foodsharing.de angemeldet. Da kann man übrig gebliebene Lebensmittel anbieten, teilen oder von anderen gratis abholen. Ich spare um 150 Euro im Jahr.«

Hausfrau Annette Barczynski (34) aus Hüttenberg (Hessen):
»Meine Kinder, mein Mann und ich waschen die Köpfe mit einer Mehl-Wasser-Paste. Macht geschmeidige Haare und 10 Euro Ersparnis an Haarwäsche im Monat.«

Rentner Wolfgang Schäfer (71) aus Hattingen (NRW):
»Bei mir sind neun Supermärkte im Umkreis von vier Kilometern. Brotaufstrichpreise variieren zum Beispiel um bis zu 30 Cent. Im Monat spare ich beim ganzen Einkauf durch Online-Vergleich bis 30 Euro.«

Friseurin Marie-Therese Kutscher (31) und Mann René (34, Immobilienfachwirt) aus Leipzig:
»Wir legen jeder jeden Tag 1 Euro vom Hartgeld im Portemonnaie weg. Ein praktisches Finanzpolster von 730 Euro im Jahr für alle Fälle!«

Industriekaufmann Marcel Heurich (46) aus Oberhausen (NRW):
»Ich kaufe Premium-Rosen für meine Frau immer samstags beim Discounter. Statt 12 Euro zahle ich dann nur 5,98.«

Elektroingenieurin Yvonne Oltmanns (40) aus Leer (Niedersachsen):
»Statt teure Spülmaschinen-Deos zu kaufen, nehme ich ausgepresste Zitronen. Machen super Duft, lösen zusätzlich Fett. Das spart 30 bis 40 Euro im Jahr.«

Angestellte Bianca Schulz (45) aus Jeggel (Sachsen-Anhalt):
»Statt viele Töpfe zu kaufen, verwende ich Tetrapaks zur Pflanzenaufzucht. So spare ich 30 bis 40 Euro im Jahr – und die Wiederverwendung ist umweltfreundlich.«

Rentner Antonios Kefalas (63) aus Dreieich (Hessen):
»Jede Zahnpasta- oder Cremetube aufschneiden, wenn sie

vermeintlich leer ist. Da ist noch für Tage was drin, Neu-kauf vorerst unnötig.«

Das kriminelle System der Handwerker-Vermittler

1.400 Euro für das Freimachen eines verstopften Rohrs. Oder 2.000 Euro für eine Türöffnung! Betrügerische Hand-werker machen sich die Not von Mietern und Eigentümern zunutze, indem sie für einfachste Routinearbeiten irre Sum-men verlangen. Und die Geschädigten sollen immer bar zahlen.

Ein Millionengeschäft zulasten der ehrlichen Handwerks-betriebe um die Ecke. Was die Betrüger abkassieren, geht zu großen Teilen an die Vermittler, die eigentlichen Drahtzieher. Ein Insider: »Die Chefs haben Deutschland aufgeteilt. Das ist eine Mafia.«

Die dubiosen Notdienste werben in Branchenbüchern und mit Anzeigen im Internet. Der Schein: alles topseriös und direkt in der Umgebung. Wer die 0800er-Nummer an-ruft, landet aber in einem Callcenter der Drahtzieher, ganz woanders in Deutschland. Das leitet die Aufträge an eigene Handwerker oder Subunternehmer weiter. Die sollen dann, so berichten Opfer, oft horrende Rechnungen stellen. In-sider sagen: So ein Vermittler verdient bis zu 70 Prozent Provision!

Das sind beliebte Tricks der »Handwerker-Mafia«:

▶ Die Arbeiter kommen oft erst in der offiziellen Nachtzeit (zum Beispiel ab 18 Uhr), um Zuschläge zu kassieren.

▶ Sie hantieren länger als ehrliche Profis, um mehr Zeit abzurechnen.

▶ Häufig müssen Betrugsopfer schon vor Beginn der Arbeit unterschreiben. Beliebte Ausrede: »Sonst wäre die Türöffnung ja Einbruch.«

▶ Die Opfer müssen immer bar zahlen.

▶ Betrüger-Betriebe rechnen oft mehr ab, als erledigt wurde. Auf Rechnungen fehlen wichtige Angaben wie zum Beispiel Rufnummer, Firmenadresse oder Steuernummer. Oft sind Firmenadressen genannt, die nicht stimmen oder von unwissenden Verwandten stammen.

▶ Damit ihre Herkunft geheim bleibt, wird das Firmenfahrzeug (wenn vorhanden) in einer Nebenstraße geparkt.

▶ Aus Sicht von Sachverständigen gehen Betrüger oft sehr ungeschickt zu Werke.

Tipps vom Sparfochs:

▶ Recherchieren Sie VOR dem Anruf, welchen Handwerker aus der Nähe Sie engagieren könnten.

▶ Nie Callcenter mit 0800er-Nummer anrufen.

▶ Werden Sie von Handwerkern bedrängt oder fühlen sich abgezockt, rufen Sie die Polizei!

Mit diesen Tricks zocken Gas- und Stromanbieter uns ab

Verschleiern, abzocken, abtauchen! Schwarze Schafe unter den Gas- und Stromanbietern locken die Kunden mit aggressiven Angeboten über Vergleichsportale wie Check24 oder Verivox an. Das sind ihre Abzock-Tricks:

▶ **Preiserhöhungen wie Werbebriefe getarnt**
Nicht nur Immergrün versteckte bei mir eine Erhöhung des Gaspreises (rund 50 %!) inmitten einer überflüssigen Textwüste. Der Brief wirkte auf den ersten Blick wie eine Werbe-Postwurfsendung. Leser Stefan K. schickte mir einen Brief von Grünwelt-Energie der Stromio GmbH aus Kaarst (NRW): Eng gedruckt und mittendrin versteckt sich der entscheidende Satz: »Ab dem … gilt in Ihrem Tarif grünstrom classic daher ein Arbeitspreis von 0,3130 Euro/kWh und ein Grundpreis von 10,42 Euro/Monat.« Kein Wort darüber, wie groß die Preisanhebung genau ist. Der Leser: »Ich habe im Vertrag nachgeschaut. Der Strompreis und der Grundpreis wurden um 30 % erhöht.« Ich wollte von Stromio wissen, warum Kunden so behandelt werden – keine Antwort. **Wichtig:** Nutzen Sie bei Preiserhöhungen SOFORT Ihr Sonderkündigungsrecht – es erlischt schon nach 14 Tagen.

▶ **Keine Rückmeldung bei Reklamationen**
Leser Udo M. schilderte diesen Fall: »Mein Gasversorger

BEV will 270 Euro im Voraus haben – wegen einer ominösen Prognose und nicht wegen des Zählerstandes. Trotz Widerspruch und Telefonaten gegen diese Lastschrift wurde von meinem Konto abgebucht.« Warum? Anbieter BEV ließ meine Anfrage unbeantwortet.

▶ Fragwürdige Beratung am Telefon

Der Strom- und Gaslieferant Innogy SE lockte eigene Kunden mit bis zu 50 Euro Prämie, wenn sie sich am Telefon zu einem neuen Tarif beraten lassen. Ich meine: Schwierig, gerade für ältere Leute, bei einem Telefonat alle Details zu erfassen. Ein Innogy-Sprecher sagte dazu: »Wir laden bestehende Kunden per Brief ein, uns anzurufen. Kunden werden also nicht von einem Anruf überrascht.«

▶ Bonus wird nicht gezahlt

Mehrere Kunden schrieben mir, dass sie bei Immergrün monatelang ihren Bonus anmahnen mussten. Leser Michael H. hatte besonderes Pech: Sein Stromanbieter, die e:veen Energie e.G., meldete Insolvenz an. Der vertraglich vereinbarte Bonus am Ende wurde nun nicht mehr ausgezahlt. E:veen Energie warb zum Zeitpunkt meiner Recherche auf der Homepage aber weiterhin mit günstigem Strom. Ein Sprecher damals: »Es kann trotz Insolvenz noch weiter bestellt werden, weil der Betrieb bei uns uneingeschränkt weiterläuft.«

Aber warum listen Vergleichsportale schwarze Schafe weiterhin?

Dagmar Ginzel von Verivox: »Sollte bei einem Anbieter die Beschwerdequote steigen, so werden wir auch die Möglichkeit nutzen, den Partner zum Schutz der Kunden aus der Liste zu nehmen.« Daniel Friedheim von Check24: »Wir wollen den Markt so umfangreich wie möglich abbilden. Sollten gehäuft Probleme auftreten, gehen wir dem nach – bis hin zum Ausschluss aus dem Vergleich.«

So finden Sie einen seriösen Anbieter

▶ Beim Preisvergleich auf Kundenbewertungen oder Stiftung-Warentest-Filter achten.

▶ Start-ups wie Cheapenergy24 und Switchup checken alle Angebote und erinnern rechtzeitig daran, einen Anbieter zu wechseln. Auch Remind.me verspricht einen vollautomatischen Wechselservice inklusive Schutz vor Preiserhöhungen.

▶ Niemals ein Angebot mit Bonus-Zahlung nach zwölf Monaten wählen. Der verfällt bei einer Sonderkündigung. Besser einen Sofortbonus wählen.

Ärger bei Telefon und Internet – das sollten Sie tun

Der Internetanschluss ist gestört oder zu langsam. Der Anbieter kann oder will mir nicht helfen. Ich hänge zu lange in der Warteschleife der Kunden-Hotline. Für alle diese Probleme gibt es eine Lösung!

Hier bekommen Sie eine Gebrauchsanweisung für Telefon- und Internetprobleme:

BILD-Gebrauchsanleitung

10 Tipps bei Telefon-Ärger

Mein Internet-Anschluss ist gestört oder zu langsam!

Tipp 1: Es könnte am Router liegen: Stecker ziehen, kurz warten, Router wieder neu starten. **Wenn das nicht hilft:**

Tipp 2: Melden Sie sich bei der Technik-Hotline Ihres Anbieters. Möglicherweise erfahren Sie schon durch eine automatische Ansage, ob eine Störung vorliegt. Wenn nicht: Sie müssen in der Regel genau schildern, wie lange das Problem besteht und was Sie unternommen haben. Lassen Sie sich nicht abwimmeln. Der Service kann meist sofort messen, ob eine Störung vorliegt. Wenn diese immer wieder vorkommt, bitten Sie den Anbieter, im Hintergrund über einige Tage zu messen.

Der Anbieter kann oder will mir nicht helfen!

Tipp 3: Schicken Sie dem Anbieter eine außerordentliche Kündigung. Begründen Sie genau, warum Sie kündigen. Bevor die Kündigung wirksam wird, müssen Sie Ihrem Vertragspartner in den meisten Fällen eine Frist setzen, mit der Sie ihm eine Chance geben, die Störung zu beseitigen. Ausnahme: Der Anbieter gibt zu, nicht helfen zu können oder zu wollen.

Der Service-Techniker kommt nicht.

Tipp 4: Ihr Ansprechpartner ist immer ihr Vertragspartner – als Vodafone-Kunde also NICHT die Telekom, deren Techniker aber oft zuständig sind. Achten Sie darauf, dass eine Rückrufnummer vorliegt, unter der Sie ständig zu erreichen sind. Bitten Sie bei Problemen um Rückrufe. Platzt der Techniker-Termin mehrere Male, kündigen Sie außerordentlich (siehe oben).

Meine Rechnung ist zu hoch oder Rabatte wurden nicht berücksichtigt.

Tipp 5: Reichen Sie die Beschwerde schriftlich ein. Das spart oft Zeit und Frust, denn Sie müssen nicht in der Warteschleife der Hotline hängen.

An der Hotline oder im Shop wurden mir teure Zusatzoptionen untergejubelt, die ich nicht bestellt habe.

Tipp 6: Immer sofort schriftlich reklamieren und um Rückabwicklung bitten.

Ich hänge zu lange in der Warteschleife der Kunde-Hotline!

Tipp 7: Der Andrang dort ist immer dann hoch, wenn Berufstätige Feierabend oder Mittagspause haben. Versuchen Sie es gegen 10 Uhr oder gegen 15 Uhr. Nicht nachts versuchen: Da sind die Callcenter oft schwach besetzt. Bei einfacheren Problemen bringt auch im Chat schnell Hilfe.

Mein Anbieter fühlt sich nicht zuständig!

Tipp 8: Lassen Sie sich nicht abspeisen, es könnte auch ein Trick sein. Fragen Sie genau nach, warum er sich nicht zuständig fühlt. Es gibt aber Fälle, bei denen auch der Anbieter nichts machen kann. Beispiele: Sie streiten sich mit dem Nachbarn um den Anschluss. Die Verkabelung in ihrem Mehrfamilienhaus ist so marode, dass ein Anschluss nicht möglich ist.

Ich finde einfach keine Lösung!

Tipp 9: Es kann helfen, sich bei Vorständen der Unternehmen zu beschweren. Beispiel: Bei der Telekom eine E-Mail mit dem Betreff „Vorstandsbeschwerde" an info@telekom.de senden.

Tipp 10: Die Schlichtungsstelle der Bundesnetzagentur unterstützt Sie dabei, Streitigkeiten außergerichtlich beizulegen. Kontakt: Bundesnetzagentur, Verbraucherschlichtungsstelle Telekommunikation, Ref. 216, Postfach 80 01, 53105 Bonn. Telefon: 030 22480-590, Telefax: 030 22480-518. Per E-Mail: schlichtungsstelle-tk@bnetza.de

Ein Service von

Juristische Beratung: Dr. Boris Wita, Verbraucherzentrale Schleswig-Holstein
info.BILD.de | Illustrationen: BILD Infografik

Ärger und Geld sparen beim DSL-Anschluss – es klappt wirklich

Fast jeder Nutzer hat frustrierende Erlebnisse mit seinem DSL-Anbieter: Der Internetanschluss ist zu lahm, oder es gibt vor Ort überhaupt keinen. Oder der Kundenservice ist zu schwerfällig.

Ich habe eine Geschichte mit der Telekom erlebt, die in ihrer Pannendichte rekordverdächtig war. Ich wollte für ein Einzelhaus in Mecklenburg-Vorpommern einen Internetanschluss.

▶ **Panne 1:** Ich gebe die Adresse des Hauses auf der Telekom-Website ein. Komisch, ist gar nicht verzeichnet. Dabei haben doch schon die Nachbarn Telekom-DSL. Und die Vorbesitzer hatten doch zumindest Telefon.

▶ **Panne 2:** Die normale Telekom-Hotline verweist mich zum sogenannten Bauherrenservice. Die Kollegen, so der Telekom-Mann, kümmern sich um Neuanschlüsse bei Neubauten. Verstehe ich nicht: In dem Haus gibt es doch einen Anschluss. Auch der Mitarbeiter wundert sich, will es klären. Er hat sich nie wieder gemeldet.

▶ **Panne 3:** Nächster Versuch beim Bauherrenservice. Wieder Hilflosigkeit. Vermutung der Dame: »Vielleicht ein illegaler Anschluss.« Ich bin fassungslos. Ich fotografiere die Anschlussdose: sieht sehr offiziell aus.

▶ **Panne 4:** Die Dame: »Ich kann keine Beweisfotos emp-

fangen. Schicken Sie diese an bbb.rostock@telekom.de.«
Ich bekomme wochenlang kein Feedback.

▶ **Panne 5:** Ich bestelle Mitte August verzweifelt einen
NEUEN Hausanschluss, bekomme einen Formbrief,
dass ich bis zum 15. Januar warten muss. Ich vermute:
Da hat keiner die Lage geprüft, sondern einfach den
Formbrief rausgeschickt. Wenig später fährt ein Telekom-
Techniker zum Haus und stellt fest: Es gibt einen Haus-
anschluss. Ach nee!

▶ **Panne 6:** Ich bekomme wieder einen Formbrief. »Wir
freuen uns, dass wir Ihnen einen neuen Anschluss zur
Verfügung stellen konnten.« Aber den gab's doch schon …

▶ **Panne 7:** Ich kann auf Telekom.de trotzdem kein DSL
bestellen – weiter keine Verfügbarkeit.

▶ **Panne 8:** Wieder Anruf beim Bauherrenservice. Ein Mitarbeiter vermutet: »Da gibt es bei DSL ein Kapazitäts-
problem.« Aber keiner weiß es genau. Der Mitarbeiter
kann nur meine DSL-Bestellung aufnehmen. Es gibt nur
MagentaZuhause S – mit maximal 16 MBit/s das lang-
samste Telekom-Produkt. Jetzt bin ich richtig wütend.
Ich frage offiziell bei der Pressestelle an: »Was ist da los?«
Kein Feedback.

Der »normale« Kundenservice schreibt mir: »Die Arbeiten für den Neubau sind abgeschlossen.« Aha!

▶ **Panne 9:** Kurze Zeit später bekomme ich für den DSL-
Anschluss tatsächlich einen Techniker-Termin. Der Techniker kommt aber einfach nicht.

PS: Beim zweiten Termin hat's endlich geklappt. Ich habe
DSL.

Ich möchte, dass Ihnen, liebe Leser, dieser Ärger erspart bleibt.

▶ **Mein Tipp 1:** Auch wenn Sie nicht bei der Telekom Kunde werden wollen: Checken Sie unbedingt, ob Ihre Adresse bei der Verfügbarkeitsabfrage auf Telekom.de hinterlegt ist. Grund: In den meisten Fällen gehört der Telekom der DSL-Hausanschluss, die sogenannte letzte Meile. Prüfen Sie so, welche Internet-Geschwindigkeit an Ihrer Adresse überhaupt möglich ist. Sollte Ihre Adresse (wie bei mir) nicht verzeichnet sein, wird jeder Neuanschluss zunächst scheitern.

▶ **Mein Tipp 2:** Glauben Sie den Highspeed-Werbeversprechen erst mal nicht. Im Kleingedruckten heißt es: »Wir stellen Ihnen *bis zu* 50 Megabit pro Sekunde (MBit/s) bereit.« Der Anbieter sichert sich also auch für eine reduzierte Geschwindigkeit ab.

▶ **Mein Tipp 3:** Wie schnell ist mein Internet wirklich? Das können Sie auf der Webseite Breitbandmessung.de der Bundesnetzagentur herausfinden. Hier geben Sie ein, wo Sie wohnen und welchen Tarif Sie bei welchem Anbieter gebucht haben. Die Seite misst dann die tatsächliche Geschwindigkeit Ihrer Internetanbindung.

▶ **Mein Tipp 4:** Sollten Sie enttäuscht sein, glauben Sie nicht, dass ein anderer DSL-Anbieter besser ist. Also bloß nicht wechseln! Denn: Alle nutzen dieselbe Leitung. Einzige Ausnahme: In einigen Großstädten gibt es lokale Provider wie Netcologne oder MNet, die eigene Netze betreiben. Weitere Alternative: Internet per Kabelanschluss (jedoch in ländlichen Regionen nicht überall verfügbar).

Ein Test der COMPUTER BILD hat gezeigt, dass Kabelanbieter wie Vodafone (ehemals Kabel Deutschland) und Unitymedia im Schnitt für den gleichen Preis deutlich schnellere Anschlüsse liefern als DSL-Lieferanten. Allerdings gibt es bei den Kabelanbietern deutlich mehr Schwankungen der Geschwindigkeit über den Tag. So liefert DSL zwar insgesamt weniger MBit/s, stellt die Leistung aber konstanter zur Verfügung.

▶ **Mein Tipp 5:** Müssen Sie mit einer Anbieter-Hotline sprechen, notieren Sie sich immer den Namen Ihres Gesprächspartners – das hilft bei Beschwerden und Reklamationen!

▶ **Mein Tipp 6:** Haben Sie den Eindruck, dass der Hotline-Mitarbeiter Ihr Anliegen nicht versteht, bitten Sie darum, mit dem Vorgesetzten verbunden zu werden. Geht das nicht, beenden Sie das Gespräch und rufen Sie erneut an. Der nächste Kollege ist bestimmt kompetenter.

▶ **Mein Tipp 7:** Hallo, Sparfüchse! Bestellen Sie den Anschluss NIE direkt beim Anbieter. Wählen Sie immer ein Händlerportal, das Ihnen eine zusätzliche Rückzahlung zusichert.

Hintergrund: Für die Vermittlung von DSL-Verträgen zahlen Anbieter Provisionen. Bestimmte Händler teilen diese mit Ihnen. So bekommen Sie Geld zurück – zwischen 100 und 200 Euro je nach Anschluss und Surfgeschwindigkeit.

Händler-Beispiele: obocom.de, remoters.de, check24.de oder verivox.de. Die Höhe der Rückzahlung variiert. Vergleichen

Sie! **Wichtig:** Sie dürfen nicht vergessen, Ihre erste Internet-rechnung beim Vermittler einzureichen. Sonst gibt's keine Rückzahlung.

ALLTAG

So erkennen Sie Abzocke beim Arzt

Abzocke beim Arzt – ein sensibles Thema. Denn es betrifft natürlich bei Weitem nicht alle Mediziner. Aber es gibt schwarze Schafe. Wer zum Arzt geht, kennt die individuellen Gesundheitsleistungen (kurz: IGeL). Solche speziellen Diagnose- und Behandlungsmethoden müssen Kassenpatienten aber selbst bezahlen. An diesen Extras scheiden sich die Geister. Ärzte preisen sie an, wollen vielleicht teure Geräte auslasten. Patienten fühlen sich oft reingelegt, wenn plötzlich die saftige Rechnung kommt.

Zusatzleistungen sind für Mediziner ein Megageschäft. Laut einer Hochrechnung des Wissenschaftlichen Instituts der AOK (WIdO) ergibt sich ein Volumen von rund einer Milliarde Euro pro Jahr. Augenärzte bieten laut WIdO mehr als siebenmal so häufig IGeL-Leistungen an wie Allgemeinmediziner, Frauenärzte erreichen fast das Fünffache im Vergleich zum Hausarzt.

Das ist Ihr Recht bei IGeL-Leistungen:

▶ Ärzte müssen auch über Risiken aufklären sowie den Preis klar benennen.

▶ Der Mediziner muss Patienten Bedenkzeit lassen und darf keinen Druck ausüben. IGeL-Leistungen sind nie dringend.

Die Tricks der Ärzte

▶ Kritiker sagen: Manche Mediziner spielen mit der Angst der Patienten. Sätze wie »Ich würde Ihnen das dringend empfehlen« machen Eindruck auf Patienten.

▶ Im Wartezimmer werden oft mit Plakaten und Broschüren Sonderleistungen der Praxis beworben. Der Begriff »Gefäß-Check« klingt überzeugend. Ob der Test wirklich notwendig ist? Auf jeden Fall kostet er Geld.

▶ PR-Agenturen raten Ärzten zur Technik des sogenannten paradoxen Verkaufens. Strategie: Der Arzt rät erst mal von einer IGeL-Leistung ab, der Patient ist überrascht von der »Ehrlichkeit« und steht den Empfehlungen des Arztes viel positiver gegenüber.

▶ Der Arzt hat das Behandlungsgerät schon in der Hand und lässt Patienten so kaum eine Wahl. Beispiel: das Auflichtmikroskop (ein modernes Mikroskop mit Licht) beim Hautarzt, das extra kostet. Dem Patienten ist es unangenehm, dann noch abzulehnen.

▶ Der Arzt erklärt die Behandlung mit vielen Fachbegriffen. Gerade ältere Patienten trauen sich aus Respekt nicht nachzufragen.

▶ Der Arzt hat schlagende Argumente: »Mit dieser Methode

habe ich schon drei Tumorpatienten das Leben gerettet.«
Klingt toll. Ein wissenschaftlicher Nachweis ist das aber
nicht.

▶ Vorsicht bei Sätzen wie: »Mit der Rechnung können Sie
zur Kasse gehen.« Bei IGeL-Leistungen bleiben die Kassen meist hart – und zahlen nicht.

Diese Extras sind oft Geldverschwendung
Der Medizinische Dienst des Spitzenverbandes Bund der
Krankenkassen (MDS) hat IGeL-Leistungen von internen
und externen Wissenschaftlern bewerten lassen.

Eine Auswahl:

▶ **Bachblütentherapie.** MDS-Urteil: »Unklar, da die Bachblütentherapie als Glaubenslehre gilt. Indirekte Schäden
könnten entstehen, wenn beispielsweise sinnvolle und
notwendige Behandlungen unterbleiben.«

▶ **Colon-Hydro-Therapie** – eine spezielle Form der Darm-
spülung. MDS-Urteil: »Negativ. Kaum aussagekräftige
Studien und Berichte über vereinzelte gravierende Schäden (zum Beispiel Blutungen im Darm).«

▶ **Durchblutungsfördernde Infusionstherapie bei Hör-
sturz.** MDS-Urteil: »Negativ, weil keine Hinweise auf
einen Nutzen, aber Nebenwirkungen der eingesetzten
Mittel möglich.«

▶ **Eigenblutbehandlung bei einer Sehnenreizung (»Ten-
nisarm«).** MDS-Urteil: »Tendenziell negativ, da die leicht
positiven Effekte der Eigenbluttherapie aus nicht aussage-
kräftigen Studien stammen.«

▶ **Vorsorge-EKG**, um zum Beispiel ein Herzinfarktrisiko zu mindern.
MDS-Urteil: »Tendenziell negativ. Obwohl die EKG-Messung an sich harmlos ist, kann durch Fehlalarme die Lebensqualität beeinträchtigt werden.«

▶ **Hirnleistungstest zur Demenz-Früherkennung.** MDS-Urteil: »Tendenziell negativ, keine Studien, Patienten könnten unnötig beunruhigt werden, da sich eine Demenz nicht voraussagen lässt.«

▶ **Hyaluron-Injektion bei Kniearthrose.** MDS-Urteil: »Tendenziell negativ. Nutzen und Schäden (Schwellungen, allergische Reaktionen) halten sich die Waage. Gefährliche Gelenkentzündungen können nicht ausgeschlossen werden.«

▶ **Augeninnendruckmessung** zur Vorsorge und Früherkennung eines Glaukoms (»grüner Star«). MDS-Urteil: »Tendenziell negativ. Studien zeigen, dass die Augeninnendruckmessung ein Glaukom nicht zuverlässig vorhersagen oder diagnostizieren kann.« Für Augenärzte ist der Nutzen dagegen belegt.

▶ **Laser-Behandlung von Krampfadern statt Operation.** MDS-Urteil: »Unklar, da die Laser-Behandlung insgesamt nicht besser, aber auch nicht schlechter als die Operation abschneidet.«

▶ **Operative Behandlung des Schnarchens.** MDS-Urteil: »Tendenziell negativ, da der Nutzen in Studien kaum bewiesen ist und OPs Nebenwirkungen mit sich bringen.«
Wichtig: Wer so stark schnarcht, dass sein Atem im

Schlaf öfter stillsteht, bekommt die Behandlung von der Krankenkasse bezahlt.

▶ **Professionelle Zahnreinigung.** MDS-Urteil: »Unklar, da der tatsächliche Nutzen kaum untersucht wurde.« Zahnärzte widersprechen: Sie sehen einen Nutzen.

So beugen Sie Abzocke vor:

▶ Werden Sie hellhörig, wenn Ihr Doktor »besondere Methoden«, »privatärztliche Abrechnung«, »nicht im Leistungskatalog der Kassen« oder eben IGeL erwähnt.

▶ Da bei IGeL-Leistungen keine Eile besteht, können Sie sich in Ruhe überlegen, ob Sie auf das Angebot des Arztes eingehen. Nicht unter Druck setzen lassen, kritisch nachfragen: »Ist das überhaupt notwendig, wenn die Kasse das nicht zahlt?«

▶ Wenn der Mediziner nur Fachchinesisch spricht: Fordern Sie den Arzt auf, das Thema in leicht verständlicher Sprache zu erklären. Sagen Sie klar, wenn Sie etwas nicht verstehen.

▶ Auf der Seite *www.igel-monitor.de* des Medizinischen Dienstes des Spitzenverbandes Bund der Krankenkassen sind wichtige IGeL-Leistungen bewertet.

▶ Wenn Sie eine unerwartete Rechnung vom Arzt bekommen, sprechen Sie ihn offen drauf an.

Achtung, es gibt sie immer noch! Kaffeefahrten – so funktioniert die Abzocke

Erst einladen, dann einschüchtern und belügen, dann abzocken! Das System Kaffeefahrten – wie funktioniert es, wer steckt dahinter? Eine Beleuchtung der Szene nach Gesprächen mit Insidern, Ermittlern und Gewerbeaufsehern.

▶ **Ganz oben stehen die Kaffeefahrt-Drahtzieher (die »Paten«):**
Sie heuern Profiverkäufer an und sammeln Adressen der möglichen Opfer, indem sie Kaffeefahrt-Teilnehmer bitten, sich in Listen einzutragen. Ein Ermittler: »Besonders wertvoll sind Adressen von Menschen, die schon mal etwas gekauft haben.«

Die Briefe lassen der Pate oder seine Helfer von kleinen Druckereien anfertigen und verschicken, als Absender nutzen sie Briefkastenfirmen. So warnte die Verbraucherzentrale Hamburg bereits vor Absendern wie der »B+R Touristik Agentur«, »Ziehungszentrale NRW« oder »Buchungsservice Arkadius Nimmerfroh«. Bekannt sind nur Postfachadressen. Rufnummern oder E-Mail-Adressen gibt es nicht.

Die Paten besorgen die Billigware zumeist in Fernost oder bei Sonderpostenhändlern, berichtet ein Insider. Manchmal ist es aber auch Ware, die ganz legal im Großhandel eingekauft, aber dann viel teurer weiterverkauft wird. Der Insider: »Bei Gewinnspannen von mindestens 200 % können sich die Paten schnell ein Leben in Luxus leisten …«

Einer der Paten soll laut den Ermittlern Franz C. (60) aus Bremen sein. Er selbst taucht bei den Kaffeefahrten meist nur noch im Hintergrund auf, war für meine Kollegen von BILD nicht zu erreichen.

▶ **Die Verkäufer (auch Werbesprecher genannt):**
Der beste Mann von Franz C.: Leonard P., der mindestens seit 2013 als Verkäufer vor allem in NRW und Niedersachsen aktiv ist. Auch bei der Kaffeefahrt, die BILD-Kollegen undercover begleiteten, trat P. auf, stellte sich aber vor mit: »Ich bin Daniel. Baujahr 70 und schwer in Ordnung.« Die Verkäufer übernehmen für die Chefs meist auch den Kontakt zu den Gasthöfen, in denen die Verkaufsveranstaltungen stattfinden. Der Insider: »Das sind zumeist Restaurants, die selbst finanzielle Probleme haben und froh sind über jede größere Gruppe. Da fragt der Wirt dann auch nicht so genau nach …« Leonard P. gilt in der Szene als gewiefter Verkäufer. Einer, der ihn kennt: »Er ist erst charmant, kann dann aber auch Druck aufbauen.« Das gilt vor allem dann, wenn Rentner nach dem Mittagessen zum Einzelgespräch geladen werden. Hier fließen dann die größten Summen. Bezahlt wird immer bar. Wer nicht genug dabeihat, wird zum Geldautomaten begleitet. In einem Monat kommen so locker über 200.000 Euro zusammen. Die Verkäufer übergeben einen Teil an den Paten. Das erfolgt in der Regel auf Autobahnraststätten, um Spuren zu verwischen. Ihren An-

teil behalten die Verkäufer. In guten Monaten verdienen Topverkäufer wie P. – so berichten es Ermittler – bis zu 75.000 Euro.

Der Verkäufer ist auf zwei weitere wichtige Positionen angewiesen:

▶ **Die Handlanger:** Sie übernehmen den Transport und den Aufbau der Waren und treten in Erscheinung, wenn es Probleme gibt – Einschüchterung pur.

▶ **Die »Eisbrecher«:** Sie wirken wie normale Gäste, klatschen dem Verkäufer wild zu und berichten über die tollen Erfahrungen, die sie gemacht haben. Oder sie kaufen sofort als Erste, um zögerliche Teilnehmer mitzuziehen.

Die neuen Tricks der Kaffeefahrt-Mafia

Er ermittelte über Jahrzehnte im Milieu der Kaffeefahrtanbieter: Ex-Polizist Bernhard Stitz (64) gilt als einer der führenden Experten. Ich sprach mit ihm. Stitz verrät die neuesten Maschen der Kaffeefahrt-Mafia.

▶ Aus Angst vor kritischen Gästen, Störern, Ermittlern oder Journalisten werden Einladungen nicht mehr flächendeckend verschickt. Nur Senioren, die ihre Anschrift auf einer Teilnehmerliste während einer Verkaufsfahrt hinterlassen oder bereits gekauft haben und dabei als »leichte Beute« angesehen wurden, erhalten weiterhin Einladungen. Stitz: »Die Einsamkeit wird gnadenlos ausgenutzt.« Dass Teilnehmer übers Ohr gehauen werden, blenden viele aus – Hauptsache, der Tag war schön.

▸ Noch bis vor wenigen Jahren rieten Experten: Nehmen Sie zum Schutz vor unüberlegten Käufen nie Bargeld mit. Heute begleiten die Kaffeefahrten-Abzocker ihre Opfer sogar zum Geldautomaten oder nach Hause. Angepriesen wird das als »VIP-Service«.

▸ Abzocker gehen bewusst auf die Warnungen von Polizei und Verbraucherschützern vor Kaffeefahrten ein: »Wir sind ehrlich, betrügen Sie nicht. Wenigstens uns können Sie glauben.« Nach dem Motto: Alle anderen sind die Abzocker – nur dieser Verkäufer nicht. Bloß nicht blenden lassen!

▸ Wenn Verkäufer Vitaminpräparate anbieten, bitten sie die Zuhörer, in einer Apotheke per Handy-Anruf nach dem Preis zu fragen. Der unvorbereitete Apotheker nennt den völlig überteuerten Listenpreis. Der des Kaffeefahrtverkäufers liegt drunter. Trotzdem ist sein Angebot noch überzogen.

▸ Immer häufiger führen die Busreisen zu Gaststätten im benachbarten Ausland kurz hinter der deutschen Grenze (z. B. in Polen und Tschechien). Hier können deutsche Ermittler nicht so einfach eingreifen, müssen sich mit ihren ausländischen Kollegen abstimmen.

▸ Das Wichtigste: Die Busse fahren oft ohne Werbeaufschrift. Die Pkw der Verkäufer werden oft versteckt geparkt, damit Nummernschilder nicht notiert werden können.

So wehren Sie sich – vor dem Kauf:

▶ Viele Teilnehmer sagen sich vor der Fahrt: »Ich kauf doch da nichts.« Und werden dann doch von den Profiverkäufern eingewickelt. Schätzen Sie Ihre Widerstandskräfte ehrlich ein. Im Zweifel lieber gar nicht erst mitfahren.

▶ Bestehen Sie auf Zahlung per Lastschrift, dann können Sie sich notfalls das Geld innerhalb von sechs Wochen zurückbuchen lassen. Lehnt der Verkäufer das ab, am besten sofort den Raum verlassen.

▶ Lassen Sie sich den Personalausweis des Verkäufers zeigen. Sie haben dazu das Recht, um vergleichen zu können, ob der Verkäufer wirklich die Person ist, die den Kaufvertrag unterschrieben hat. Wahrscheinlich wird sich der Verkäufer weigern und Druck mit Sprüchen wie »Dann fahren Sie halt nicht im Bus zurück« ausüben. Unterschreiben Sie den Vertrag trotzdem nicht! Sollte Ihnen deshalb tatsächlich die Rückfahrt verweigert werden, ist der Linienbus oder ein Taxi immer noch deutlich günstiger als ein nutzloses Gesundheitsprodukt zum Wucherpreis.

▶ Handy mitnehmen und die Polizei rufen, falls Sie sich von den Verkäufern der Kaffeefahrt bedrängt fühlen oder gar Türen nach draußen abgeschlossen sind. Das wäre Freiheitsberaubung.

So wehren Sie sich – nach dem Kauf:

Sie haben unterschrieben, fühlen sich aber reingelegt? Dann müssen Sie möglichst viele Details zusammentragen. Die sind wichtig, wenn Sie Anzeige erstatten oder Zivilklage erheben. Die nebenstehende Checkliste hilft Ihnen dabei.

▶ **Anzeige wegen Betruges?** Hat leider kaum Aussicht auf Erfolg. Der Berliner Rechtsanwalt Christian Wowra (51) zu mir: »Strafrechtlich ist es so, dass man dem Veranstalter nachweisen muss, dass der Verkäufer getäuscht hat und der Veranstalter das gewusst oder zumindest billigend in Kauf genommen hat. Der Veranstalter – wenn man ihn überhaupt zu fassen kriegt – wird sich herausreden, dass er nicht wusste, wie verkauft wird.«

▶ **Anzeige wegen Wucher?** Wowra: »Um Wucher nach § 291 im Strafgesetzbuch nachweisen zu können, sind die Hürden sehr hoch. Das ist von unserer Wirtschaftsordnung wohl auch so gewollt, um den Wettbewerb nicht zu behindern.«

▶ **Anfechtung des Kaufvertrages und Rückforderung des Geldes wegen arglistiger Täuschung?** Da Kaffeefahrtenanbieter kaum freiwillig erstatten, bliebe nur der Klageweg. Haben Sie den Kaufvertrag per Einschreiben widerrufen und die Anfechtung wegen Täuschung erklärt, stehen Ihre Chancen gut. Einzige wichtige Voraussetzung: Sie müssen die sogenannte ladefähige Adresse (Straße, Ort, KEIN Postfach) des Unternehmens kennen. Wowra: »Mit ladungsfähiger Anschrift können Gerichte und Anwälte Opfern viel einfacher helfen – ohne oft gar nicht.«

Laut Gesetz haben Sie ein 14-tägiges Widerrufsrecht. Das hebeln Veranstalter oft aus.
Masche 1: Sie verschleiern, welche Firma überhaupt der Verkäufer ist.

Masche 2: Der Widerruf ist an eine Fantasie-Adresse (oft auch im Ausland) zu richten. Ihr Schreiben verpufft.

Masche 3: Auf der Quittung oder Rechnung wird einfach das Kaufdatum zurückdatiert, sodass die 14-Tage-Frist längst abgelaufen ist.

Tipp: Den Verkäufer drauf ansprechen und lieber nicht unterschreiben. Am besten Zettel zerreißen und aufstehen.

Sammeln Sie Details!

Damit Polizei oder Rechtsanwälte gegen die Verkäufer vorgehen können, brauchen sie viele Details für ihre Ermittlungen. Diese sollten Sie auf einer Checkliste sammeln.

- Wann und wo genau fand die Verkaufsveranstaltung statt?
- Wie haben Sie bezahlt?
- Kennen Sie den vollen Namen des Verkäufers oder seiner Firma?
- Wie sieht der Verkäufer aus? Wie hat er sich vorgestellt?
  Größe:
  Art der Gestalt (z. B. schlank):
  Aussehen:
  Haare (z. B. lockig):
  Haarfarbe:
  Sonstige Auffälligkeiten:
- Welche Tätigkeiten hat die Person ausgeübt (z. B. Verkäufer, Kassierer)?

- ► Würden Sie sie wiedererkennen?
- ► Nennen Sie Zeugen (mit Namen, Adresse, ggf. Handynummer):
- ► Konnten Sie die Verkaufsveranstaltung ohne Probleme verlassen, oder wurden z. B. die Türen verschlossen oder blockiert?
- ► Mussten Sie für Leistungen (z. B. Busfahrt, Essen) zahlen, die entweder nicht angekündigt oder sogar als kostenlos angegeben wurden?

Glauben Sie nicht jedem Polizisten! Mit miesen Tricks nehmen Banden Rentner aus

Betrügerbanden sind extrem kaltschnäuzig und abgebrüht. Ohne mit der Wimper zu zucken, tischen falsche Polizisten oder Staatsanwälte Senioren am Telefon dreiste Lügen auf. Wenn sie Erfolg haben, geben ihnen Rentner ihr Erspartes: 10.000 Euro und mehr. Bis zum finanziellen Ruin. Selbst gestandene Juristen sind fassungslos. Ein Richter aus Hamburg polterte im Gerichtssaal los: »Man macht sich an die Schwächsten ran und versucht sie auszunehmen wie eine Weihnachtsgans.« Recht hat er! Und fast immer Senioren – Reiche, Mittelschicht, egal. Die Betrüger nutzen schamlos aus, dass alte Menschen besonders viel Respekt vor Polizisten oder Staatsanwälten haben.

So läuft der Betrug in einem typischen Fall ab:

Deutsch sprechende Betrüger aus Callcentern der Banden (oft mit Sitz in der Türkei) rufen deutsche Senioren an. Ihre Nummern fischen sie aus digitalen Telefonverzeichnissen. Vornamen wie Eleonore oder Ruth lassen auf alleinstehende ältere Damen schließen. Die Betrüger rufen auf dem Festnetz an. Im Display wird die Nummer der örtlichen Polizei oder die 110 übertragen. Heutzutage ist die Manipulation der angezeigten Rufnummer bei Internettelefonie-Anbietern technisch kein Problem – obwohl es streng verboten ist. Die Anrufer sprechen gutes Deutsch. »Die Täter sind meist Türken, die in Deutschland gelebt haben«, sagt Arno Helfrich von der Polizei München.

Die Lügenmärchen am Telefon sind unterschiedlich:

- Die Opfer sollen aus Sicherheitsgründen Geld und Schmuck an die Polizei übergeben, da die Adresse des Rentners bei einem Einbrecher gefunden wurde.
- Das Opfer soll bei der Aufklärung eines Verbrechens helfen und daher Wertgegenstände »zur Überprüfung« der Polizei geben.
- Die Polizei ermittele gegen Bankangestellte, die Konten leer räumen. Daher sollen sämtliche Ersparnisse abgehoben werden. Der Anrufer kocht die Opfer weich: »Sie wissen, Sie müssen mit uns zusammenarbeiten.« Laut (echten) Ermittlern wissen Betrüger: Dauert das Gespräch länger als vier Minuten, glaubt die Rentnerin die Story.

Bei Zweifeln ruft der Betrüger mehrmals an. Er bringt einen vermeintlichen Kollegen ins Spiel, der Wertgegenstände und Geld bei den Opfern abholt. Der sei ziviler Ermittler ohne Uniform oder Dienstausweis.

Das Wortlaut-Protokoll eines Telefon-Betrugs

Opfer: »Woher weiß ich denn jetzt, dass Sie wirklich von der Kripo sind?«

Betrüger am Telefon: »Dann machen wir das so: Nach dem Piepton drücken Sie bitte einmal die 110. Das ist ja die Polizei-Notrufzentrale.«

Opfer: »Ja.«

Betrüger: »Fragen Sie bitte nach der Kriminalpolizei Nürnberg. Schmidt mein Name. Okay? Nach dem Piepton drücken Sie bitte die 110.«

Das Opfer drückt jetzt die Tasten 110. Weil es das Gespräch aber nicht beendet hat, steht die Leitung der Betrüger noch. Das Opfer ruft nicht die Polizei an, sondern eine Komplizin übernimmt das Gespräch. Die beiden Täter sitzen im Callcenter vermutlich direkt nebeneinander und können so das Gespräch leicht übernehmen. Durch die Pieptöne entsteht der Eindruck, dass das Gespräch weitervermittelt wurde.

Frauenstimme: »Polizei-Notrufzentrale. Berger am Apparat. Wie kann ich weiterhelfen?«

Opfer: »Ja, guten Tag, ich wollte mich nur vergewissern, dass Herr Schmidt von der Kriminalpolizei ist.«

Frauenstimme: »Ich leite Sie mal weiter an den Herrn Schmidt.«

Der Betrüger übernimmt wieder das Gespräch.

Betrüger: »Kriminalpolizei, Schmidt mein Name.«

Opfer: »Ja, hier ist …«

Betrüger: »Ich finde das wirklich toll von Ihnen, dass Sie so reagiert haben, weil sehr viele Kriminelle unseren Ruf bei der Polizei kaputt machen.«

Der Gipfel der Dreistigkeit. Der Betrüger warnt das Opfer vor seinem eigenen Trick ...

Das rät die Polizei

▶ Seien Sie misstrauisch! Echte Polizisten oder Staatsanwälte rufen nie von der »110« aus an oder fragen Sie am Telefon nach Wertsachen.

▶ Die echte Polizei holt nie Geld oder Schmuck bei Ihnen ab.

▶ Legen Sie bei einem verdächtigen Anruf sofort auf, rufen Sie dann die Nummer der örtlichen Polizeidienststelle an.

▶ Erstatten Sie Anzeige bei der Polizei, wenn Sie Opfer geworden sind.

Vorsicht – Betrug!

Es gibt leider noch viele weitere Betrugsmaschen – hier die wichtigsten:

▶ **Der Verkaufs-Trick:** Das Haustürgeschäft ist immer noch beliebt. Sollten Sie voreilig an der Haustür einen Vertrag unterschrieben haben, bleibt Ihnen ein Widerrufsrecht innerhalb von 14 Tagen. AUSNAHMEN: ein

Bagatellgeschäft (bis 40 Euro) oder Sie haben den Vertreter selbst um einen Besuch gebeten. Am besten gar nichts unterschreiben, da Sie sich auf das überraschende Verkaufsgespräch ja gar nicht vorbereiten konnten.

▸ **Der Spenden-Trick:** Betrüger erzählen Ihnen eine berührende Leidensgeschichte oder fordern Sie mit der Frage heraus: »Sie sind doch auch gegen Tierversuche, oder?« Hier gilt: Bloß nichts spenden, es sind oft Fantasie-Organisationen.

Wichtig zu wissen: Auch seriöse Hilfsorganisationen überrumpeln Leute an der Haustür. Es sind oft Agenturen, die im Auftrag der Organisation neue Fördermitglieder werben und dafür eine Provision erhalten. Geld, das eigentlich für den guten Zweck bestimmt war.

Vorsicht: Sie haben bei Fördermitgliedschaften grundsätzlich KEIN Widerspruchsrecht. Ausnahme: Bei namhaften Organisationen (z. B. Arbeiter-Samariter-Bund) kann die Mitgliedschaft auch telefonisch sofort gekündigt werden.

▸ **Der Hilfe-Trick:** Eine schwangere oder alte Frau bittet Sie um ein Glas Wasser. Könnte ein Trick sein, um die Wohnung auszukundschaften. Natürlich sollten Sie helfen, aber lassen Sie nie fremde Menschen in die Wohnung. Reichen Sie das Glas lieber durch ein Fenster oder den Türspalt.

▸ **Der Arbeiter-Trick:** Eine Gruppe von Arbeitern macht Hausbesitzer auf eine beschädigte Dachrinne aufmerksam. Die Männer bieten an, den Schaden zum Dumpingpreis zu beheben. Nach rund einer Stunde fordern die

Arbeiter aber einen vierstelligen Betrag. Da die kräftigen Männer oft bedrohlich wirken, zahlen die Opfer.

Tipp: Willigen Sie in keine Haustürgeschäfte ein, die mit Bargeld abgewickelt werden sollen.

▶ **Der Handwerker-Trick:** Ein Mann im Stadtwerke-Blaumann will Wasserhähne überprüfen – angeblich ein Wasserschaden im Haus. Seine Taktik: Es wird Druck aufgebaut, Angst geschürt. Ist der Betrüger in der Wohnung, schaut er sich nach Wertgegenständen um. Lassen Sie sich den Dienstausweis zeigen, und rufen Sie bei den Stadtwerken an.

Achtung, Liebes-Abzocke! So tricksen Partnerschaftsvermittler

Betrüger nutzen oft Notlagen aus. Eine heißt: Einsamkeit. Wir sehnen uns nach Zuneigung, wollen geliebt werden. Wenn Gefühle im Spiel sind, schaltet unser Verstand ab. Und das ist quasi eine Einladung für miese Geschäftemacher. Ich stelle **drei Varianten** vor:

Abzocke durch Partnerschaftsagenturen

Wir kennen solche Kontaktanzeigen im kostenlosen

Wochenblatt: »Michael wünscht sich liebevolle Partnerin zum Anlehnen«. Witwe Elisabeth A. (62) aus Sachsen-Anhalt wählte die abgedruckte Nummer, ging davon aus, dass der Herr aus der Annonce rangeht. Stattdessen meldete sich eine Frau Lange von einer Partnerschaftsagentur. Die Witwe: »Die Frau hat mich zu einem Treffen überredet. Frau Lange brachte zu dem Termin sogar ein EC-Karten-Lesegerät mit. Nach zwei Stunden sagte sie, dass sie 3.000 Euro für die einjährige Mitgliedschaft kriegen würde.« Elisabeth A. lehnte eine so hohe Zahlung ab. Am Ende ließ sie sich aber auf 1.500 Euro für ein Jahr ein. Dann verlangte die freche Verkäuferin noch 20 Euro Benzingeld. Wenige Tage später wollte Elisabeth A. den Vertrag kündigen. Die Post sei nie angekommen, behauptete die Agentur.

Vorsicht! Das sind die miesen Tricks von unseriösen Partnervermittlungen:

▶ Wer die angegebenen Nummern anruft, landet oft bei einem Callcenter, dessen Mitarbeiter darin geschult sind, kritische Anrufer abzuwimmeln.

▶ Die Vermittlungen behaupten gern, dass Widerrufe oder Kündigungen nicht eingegangen seien. Schicken Sie diese deshalb UNBEDINGT per Einschreiben mit Rückschein. Lassen Sie sich den Eingang Ihrer Kündigung schriftlich bestätigen.

▶ Partnervermittlungen schalten einladende Inserate. Ob die Männer in den Anzeigen echt sind? Schwer zu sagen. Oft sind die angeblichen Singles »leider bereits vermittelt«.

- ▶ Die Partnervermittler sind darin trainiert, Sie zu einem Vertragsabschluss zu überreden. Achtung: Lassen Sie sich nicht einlullen! Zahlen Sie niemals direkt bei Vertragsabschluss, weder bar noch mit Kreditkarte.
- ▶ Wenn Sie sich bedrängt fühlen, alarmieren Sie die Polizei.

Und wichtig: Wenn Sie selbst einen Vertreter ins Haus bestellen, haben Sie bei Verträgen kein Widerrufsrecht.

Abzocke per Dating-Portal

Golflehrer Graham H. (65) aus NRW meldete sich beim Dating-Portal »Seitensprungexklusiv« an. Der gebürtige Engländer sollte 14,95 Euro monatlich für eine Drei-Monats-Mitgliedschaft zahlen. Jedoch wurden 179,88 Euro von seiner Kreditkarte abgebucht. Das Dating-Portal, das von der Date4friend AG in der Schweiz betrieben wird, ließ weder einen Widerruf noch eine vorzeitige Kündigung zu.

Ich meine: üble Abo-Falle!

Sparfochs-Tipp: Sollten Sie nachweislich betrogen worden sein und stellt die Firma sich tot, lassen Sie Ihre Bank die Kreditkartenzahlung zurückbuchen (»Chargeback-Verfahren«). Die Frist je nach Bank: sechs beziehungsweise acht Wochen.

Abzocke mit Liebesschwüren

Achtung, nicht jeder vermeintliche Single auf Dating-Portalen oder bei Facebook möchte einen liebenswerten Partner kennenlernen. Betrüger haben es nur auf Ihr Geld abgesehen.

Die Masche ist einfach: Alles, was der Single Ihnen schreibt, ist gelogen. Er lebt nicht in Afrika, sondern wohnt in Osteuropa. Er nennt sich Mogli, heißt aber Hassan. Erst kommen Liebesschwüre, es entwickelt sich ein intensiver Internetflirt. Dann passiert immer dasselbe: Das Gegenüber behauptet, in eine Notlage gekommen zu sein: Mutter krank, Auto kaputt, teurer Studienplatz. Er/Sie braucht Geld. Sie wollen helfen, weil Sie die liebe Person gernhaben. Sie überweisen Geld ins Ausland. Das können oft fünfstellige Summen sein. Der Betrüger taucht ab, das Geld ist weg.

Sparfochs-Tipp: Fragen Sie den Flirtpartner unauffällig nach Beweisen seiner Identität (z. B. Videotelefonie in seine Wohnung, Ausweis). Weicht er aus (»Ich habe so schlechtes Netz«), sollten alle Alarmglocken bimmeln.

Lassen Sie sich nicht vom Bestatter ausnehmen

Der Tod ist ein Tabu-Thema, das Geschäft mit dem Tod auch – kaum einer redet darüber, was er verdient. Die meisten der rund 4000 Bestatter können gut davon leben. Der Umsatz der Branche liegt bei etwa zwei Milliarden Euro. Die meisten Bestatter arbeiten ehrlich und professionell. Doch das Verkaufen von Särgen und Dienstleistungen ist einfach, wenn trauernde Angehörige aus Pietät keine Preise vergleichen. Sie sind verzweifelt, stehen vielleicht zum ersten Mal vor der Aufgabe, eine Beisetzung zu organisieren. Diese Notlage nutzen einige Bestatter aus. Ich sprach mit mehreren Insidern, darunter Autor Peter Waldbauer (54), der zwei Bestattungsratgeber geschrieben hat.

Das sind die Tricks der Bestatter:

▶ **Der Platzhirsch-Trick:** Viele alteingesessene Unternehmer sind bestens vernetzt, haben Verträge mit Polizei oder Krankenhäusern, dass sie Tote überführen dürfen. Diese Platzhirsche erwecken im Gespräch mit Angehörigen den Eindruck, dass sie auch der Bestatter sind. Stimmt aber nicht. Sie haben nur den Auftrag, den Toten abzuholen. Doch viele Angehörige denken: Gut, dass es jemanden gibt, der sich kümmert. Aber selbstverständlich können Sie sich nach jedem anderen Bestatter umschauen.

▶ **Der Empfehlungs-Trick:** Seien Sie vorsichtig, wenn Sie im Altenheim oder Krankenhaus nach einem zuverlässigen Bestatter fragen: Kommt ein Name wie aus der Pistole geschossen, könnte das Pflegepersonal dafür von dem Bestatter eine Provision oder auch mal ein teures Geschenk erhalten.

▶ **Der Discounter-Trick:** Gerade im Internet sind Günstig-Anbieter zu finden, die mit Feuerbestattungen für 500 Euro werben. Zum Vergleich: Die Durchschnittskosten liegen bei 3.000 Euro. Alexander Helbach von der Verbraucherinitiative Aeternitas: »Bedenken Sie, dass hier alles auf einfachstem Niveau abgewickelt wird.« Die Toten könnten etwa in Tschechien verbrannt werden.

▶ **Der Sarg-Trick:** Mitunter wird der teuer bezahlte Sarg (bis zu 9.000 Euro, zwischen 700 bis 1000 Prozent Gewinnspanne) vor dem Einäschern gegen einen schlichten Sarg aus Kiefernholz für 300 Euro ausgetauscht. Die Angehörigen würden es nicht merken. Ein seriöser Bestatter wird Ihnen raten: »Nehmen Sie einen günstigen Sarg, der wird ja sowieso verbrannt.«

▶ **Der Leichenhemd-Trick:** Suchen sich Angehörige ein weißes Leichenhemd mit reichen Verzierungen aus, weiß niemand, ob der/die Verstorbene das im Sarg auch trägt. Autor Peter Waldbauer, der selbst als Bestattungsgehilfe arbeitete: »Im schlimmsten Fall wird ein Billig-Duplikat noch gefaltet und original verpackt in den Sarg geworfen.« Auch bei Leichendecke und -kissen gibt es ähnliche Tricks.

Tipp: Vereinbaren Sie mit dem Bestatter, dass Sie sich kurz vor der Beisetzung noch bei geöffnetem Sarg von dem/der Toten verabschieden wollen. Ob Sie das tatsächlich machen, ist egal – allein die Ankündigung wird auch ein schwarzes Schaf von bestimmten Betrügereien abhalten.

- ▶ **Der Fahrtkosten-Trick:** Der Bestatter könnte Ihnen eine Fahrtkostenpauschale in Rechnung stellen. Dabei lässt er sich die Urne per Post aus dem Krematorium schicken oder beauftragt einen Sammeltransport.

- ▶ **Der Formalitäten-Trick:** Es kommt auch vor, dass für die Erledigung von »Bestattungsformalitäten« 400 Euro in Rechnung gestellt werden – viel Geld für den üblichen Gang zum Standesamt.

Wichtigster Tipp von Waldbauer für Angehörige: »Nehmen Sie einen Bekannten oder Freund, der nicht so emotional betroffen ist wie Sie, mit zu den Gesprächen beim Bestatter. Der hat einen distanzierteren Blick auf das Ganze.«

Achtung, Identitätsklau: So machen Sie es Ganoven schwer

Vorsicht, Internetbetrüger könnten Sie wie eine Weihnachtsgans ausnehmen. Damit Sie sich Ärger sparen, warne ich vor drei miesen Maschen mit Identitätsklau.

- ▶ **Der Konto-Trick:** Altenpflegerin Merve A. (26) aus Bochum träumt vom eigenen Auto inklusive Führerschein. Ihr Monatsgehalt von 2.500 Euro brutto reicht da nicht aus. Sie will einen Nebenjob. Dann wird sie auch noch arbeitslos! Verzweifelt sucht sie beim Stellenportal Indeed: Die Firma »Meyer GbR« wirbt mit einem Job als

Testerin von Smartphone-Apps – alles von zu Hause aus für 13,85 Euro Stundenlohn und freier Zeiteinteilung.

Merve chattet über WhatsApp mit »Herrn Meyer« und kriegt die Zusage. Der Bonus: Die Firma will den Lohn jeweils gleich am nächsten Tag überweisen. Voraussetzung: Merve muss ein Konto bei der Fidor Bank eröffnen und dazu die extra eingerichtete E-Mail-Adresse von »Herrn Meyer« nutzen. Nur so sei eine Schnell-Überweisung möglich, heißt es. Merve schöpft keinen Verdacht: »Es ist ja ein Guthabenkonto. Da kann niemand was abbuchen, wenn nichts drauf ist.« Die Zugangsdaten landen per Mail bei »Herrn Meyer«.

Was Merve erst später klar wird: »Herr Meyer« und seine Helfer waren Betrüger, die im Internet für einen fünfstelligen Betrag Produkte verkauften, die es gar nicht gab. Die Käufer überwiesen auf Merves Konto, die Täter zogen das Geld sofort ab. Die junge Frau hat jetzt mächtig Ärger mit der Polizei und geprellten Kunden, die von ihr das Geld zurückfordern.

Hätte die Fidor Bank ihre Kundin schützen können? Ein Bank-Sprecher zu mir: »Wir haben die Frau telefonisch auf mögliche Betrüger hingewiesen.« Merve bestreitet das. Und was sagt das Stellenportal Indeed zu der Betrugsanzeige? Eine Sprecherin: »Unser 24-Stunden-Team hat ein Raster entwickelt, um qualitativ schlechte Beiträge automatisch zu identifizieren und zu entfernen. Die überwiegende Mehrheit der Unternehmen, deren Jobangebote auf Indeed erscheinen, bieten qualitativ hochwertige Jobinhalte.«

Wichtigster Tipp: Bankdaten NIE, NIE, NIE aus der Hand geben!

▶ **Der Paket-Trick:** Betrüger suchen sich leer stehende Geschäfte oder Wohnungen, kleben falsche Namen ans Klingelschild. Dann bestellen sie hochwertige Produkte im Internet auf Rechnung. Der Paketbote klingelt, niemand macht auf, und er gibt die Sendung beim Nachbarn ab. Dort holt der Täter die Pakete ab: »Ich bin der neue Mieter aus dem Erdgeschoss.«

Wichtigster Tipp: Händigen Sie als Nachbar nie Pakete an unbekannte Personen aus. Sie könnten vom Versender belangt werden, da Sie den Empfang ja quittiert haben.

▶ **Der Mobilfunk-Trick:** Was nicht jeder weiß: Im Gegensatz zu Prepaid-SIM-Karten ist eine Identitätsprüfung bei 24-Monats-Verträgen nicht vorgeschrieben. Viele Anbieter machen es trotzdem, andere nicht. Ein Kollege von mir bekam plötzlich Inkasso-Schreiben vom Anbieter 1&1, obwohl er dort gar kein Kunde ist. Ein Betrüger hatte mit falschem Namen einen Mobilfunkvertrag bestellt und samt Handy auch erhalten und war dann unbekannt verzogen.

1&1-Sprecher Peter Manderfeld zu mir: »Daher erfolgte eine Adressrecherche, die zu Ihrem Kollegen führte. Neukunden erhalten ihre Lieferung nur mit Vorlage des Personalausweises ausgehändigt. In dem Fall sind Lieferung und Abholung in einem Paketshop erfolgt. Wie die

Überprüfung dort genau erfolgt ist, konnten wir aktuell noch nicht feststellen. Monatlich werden unter ein Prozent aller Anträge, die bei 1&1 eingehen, aufgrund von vermutlichem Identitätsdiebstahl abgelehnt.«

Wichtigster Tipp: Sollten Sie unberechtigte Mahnungen oder Inkassoforderungen erhalten, wenden Sie sich sofort an den Absender und melden Sie dort den Identitätsdiebstahl. Wenn Sie keinen Vertrag abgeschlossen haben, brauchen Sie nichts zu befürchten. Müssen Sie mehrere Forderungen abwehren, sollten Sie Anzeige bei der Polizei erstatten und den Inkassofirmen das Aktenzeichen mitteilen.

AUTO/VERKEHR

So tricksen Werkstätten Autofahrer aus

Die meisten Autowerkstätten behandeln Kunden fair und kompetent. Es gibt aber auch schwarze Schafe. Sie nutzen die Unkenntnis ihrer Kunden aus oder spielen mit der Angst vor einem Unfall. Ich übersetze: Das sagt der Meister – und das heißt es wirklich.

▶ **Bremsen.**

Meister: *»Ach, Sie wollen mit diesen Bremsen noch in den Urlaub fahren?«*

Moderne Autos besitzen in der Regel eine Verschleiß-anzeige! Außerdem untersucht der TÜV alle zwei Jahre die Bremsen. Keine Frage: Sind die Bremsbeläge wirklich an der Verschleißgrenze, müssen sie erneuert werden. Wer misstrauisch ist, sollte sich zur späteren Überprü-fung die alten Beläge in den Kofferraum legen lassen.

▶ **Klimaanlage.**

Meister: *»Bei Ihrem Wagen ist ein Klimaanlagencheck für 80 Euro fällig!«*

Stimmt in den wenigsten Fällen. Grundsätzlich kann eine Klimaanlage bis zu 15 Prozent des Kältemittels im Betrieb verlieren. Erst wenn sich der Verlust mit einer reduzierten Kühlleistung bemerkbar macht, sollte eine Wartung erfolgen.

► **Windschutzscheibe.**

Meister: *»Oh, ein Steinschlag, die Scheibe muss erneuert werden, sonst kann sie plötzlich platzen!«*

Stimmt oft nicht. Zum einen platzen Scheiben nach einem kleinen Steinschlag äußerst selten, zum anderen kann man viele Steinschläge reparieren. Nur wenn ein Steinschlag im Sichtbereich des Fahrers liegt, muss die Scheibe getauscht werden.

► **Reifen.**

Meister: *»Sie brauchen neue Reifen!«*

Fakt ist, es gibt kein vorgeschriebenes Höchstalter. Viel wichtiger ist das Reifenprofil. Der Gesetzgeber schreibt nur 1,6 Millimeter vor. Bei Sommerreifen sollten es aber mindestens drei Millimeter, bei Winterreifen sogar vier sein.

► **Auspuff.**

Meister: *»Der Pott ist rostig, hält nicht mehr lange dicht, sollte möglichst schnell raus!«* Oberflächenrost haben die meisten Auspuffanlagen schon nach kurzer Zeit und halten trotzdem noch lange dicht. Ein Austausch ist nur notwendig, wenn es wirklich zu Undichtigkeiten kommt oder der TÜV-Prüfer den Auspuff beanstandet.

► **Batterie.**

Meister: *»Der Akku ist tot, Sie brauchen eine neue Batterie!«*

Ein gründliches Nachladen mit einem guten Ladegerät reicht meist aus, um so eine Batterie wieder auf Vordermann zu bringen.

▶ **Motoröl.**

Meister: *»Nur das beste Öl für Ihren Motor, dann hält er deutlich länger.«*

Ein Motor ist auf eine bestimmte Ölqualität abgestimmt, ein besseres Öl ist aber auch nicht nötig. Viel wichtiger ist die regelmäßige Ölkontrolle. Stichproben von AUTO BILD an Tankstellen haben gezeigt, dass fast 30 Prozent der Autofahrer mit zu wenig Öl im Motor unterwegs sind.

▶ **Scheibenreiniger.**

Meister: *»Wir haben den Reiniger nachgefüllt.«*

Besser selbst den Behälter vor der Inspektion auffüllen. Und prüfen, ob auf der Rechnung trotzdem Scheibenreiniger abgerechnet wurde. Bei den Werkstatttests von AUTO BILD wurde hier oft zu Unrecht abkassiert.

Mit diesen Tricks geht Tanken zum Sparpreis

Mich packt oft die Wut an der Zapfsäule! Sie auch? Doch es lässt sich was dagegen tun.

▶ **Richtige Zeit wählen!** Früher war die tägliche Preisentwicklung bei Sprit einfach: Spätabends bis zum Morgen teuer, ab dann fiel der Preis über den Tag. Heute verwirren uns Tankstellenbetreiber mit irren Zickzack-Preisen. Wenn mehr Autos auf der Straße sind, knallt's hoch. So ist Kraftstoff morgens zwischen 6 und 8 Uhr am teuersten. Am günstigsten ist Tanken laut ADAC-Erhebung zwischen 18 und 22 Uhr. Dazwischen sorgen drei Spitzen (gegen 11 Uhr, ca. 14 Uhr, um 17 Uhr) für zusätzliche Bewegung. Der morgendliche Höchstpreis übersteigt den Tagesdurchschnittswert immerhin um rund 4,5 Cent. Wer abends tankt, zahlt hingegen etwa drei Cent je Liter weniger und 7,5 Cent weniger als am Morgen. Autofahrer, die diese Erkenntnisse beim Tanken berücksichtigen, können bei einer Tankfüllung von 50 Litern Benzin somit 3,75 Euro sparen. Tank-Apps wie »ADAC Spritpreise«, »Mehr-tanken« oder »Clever-tanken« geben einen schnellen Überblick auf dem Smartphone.

Sparfochs-Urteil: Wer zur richtigen Zeit an die Tanke fährt, kann bis zu 10 Cent pro Liter sparen. Macht bei 40 Litern 4 Euro Rabatt.

▶ **Bonus-Programme nutzen!** Wer mit der Deutschland-Card bestimmte Coupons nutzt (auf Papier oder in der App), spart bei Esso bis zu 2,5 Cent pro Liter. Ich bekomme das Geld zwar nicht ausgezahlt, kann aber mit den Bonuspunkten zum Teil meine nächste Tankfüllung bezahlen. Payback arbeitet mit Aral zusammen. Achten Sie auf möglichst attraktive Coupons (zum Beispiel Siebenfach-Punkte), sonst bringt es fast nichts. Bargeldauszahlung ist möglich, wird aber nicht beworben. Suchen Sie auf Payback.de nach »Bargeld«. Aber Vorsicht: Nicht selten ist eine Markentankstelle trotz Bonussystem teurer als eine freie Station. Bei Shell lohnt die kostenlose ClubSmart-Kundenkarte mit der Preisgarantie. Karteninhaber zahlen höchstens 2 Cent mehr pro Liter als bei der billigsten Markentankstelle im Umkreis. Auch der »eingebaute« Tankrabatt bei speziellen Kreditkarten kann sich für Vielfahrer (ab 20.000 Kilometer/Jahr) lohnen. Ohne Jahresgebühr ist z. B. die »1plus Visa Card« von Satander. Dafür gibt's ein Prozent Tankrabatt (maximal 48 Euro im Jahr).

Sparfochs-Urteil: Es ist kinderleicht, Boni beim Tanken einzustreichen. Mit der Shell-Karte habe ich z. B. in Oberhausen (NRW) 9 Cent pro Liter weniger gezahlt als an der Säule angezeigt.

▶ **Umgehen Sie den Autobahn-Wucher!** Wer an Autobahntankstellen tankt, zahlt im Durchschnitt gut 20 Cent je Liter mehr als an den übrigen Zapfsäulen. Das hat der ADAC ermittelt. Ein Liter Super E10 an den Autobahnen ist im Mittel um 21,4 Cent teurer als im übrigen Straßennetz. Für Diesel muss man durchschnittlich 23,8 Cent mehr bezahlen. Wer vor einer längeren Autobahnreise schon am Abfahrtsort tankt, kann also viel Geld sparen: Nach einer 50-Liter-Tankfüllung verbleiben bei Super E10 im Schnitt 10,70 Euro mehr im Geldbeutel, bei Diesel sogar 11,90 Euro.

Tipp: Wenn Sie tatsächlich an der Autobahn tanken müssen, nicht volltanken, sondern nur 10 Liter – und den Rest dann günstig abseits der Autobahn.

▶ **Immer noch ein Spar-Klassiker: Tankfahrten über die Grenze.** Die drei günstigsten Nachbarstaaten sind Tschechien, Polen und Luxemburg. Am teuersten ist Superbenzin oft in den Niederlanden (um 1,75 Euro/Liter) und Dänemark (um 1,65 Euro/Liter).

Sparfochs-Fazit: Allein in Polen sparen Sie durchschnittlich fast 30 Cent pro Liter. Da kann sich sogar ein Umweg lohnen. Im Westen lohnt ein Ausflug nach Luxemburg. Und auch im Ausland immer dran denken: am besten nach 18 Uhr zur Tanke.

Vorsicht beim privaten Autokauf! So klappt es ohne Reinfall

Wenn ich zum Autohändler gehe, hab ich gemischte Gefühle. Einerseits denke ich: Da setzen mich vielleicht Profiverkäufer unter Druck. Andererseits bin ich mir beim Kauf sicher, da es für Händler strenge Regeln gibt und der Gesetzgeber die Rechte von uns Käufern bei Mängeln schützt. Bei Geschäften unter Privatpersonen hingegen bestehen immer Risiken. In Zusammenarbeit mit den Kollegen von AUTO BILD habe ich hier wertvolle Tipps, wie Sie Geld und Ärger sparen.

Wie erkennt man einen seriösen Verkäufer?

Ist nicht leicht herauszufinden, aber es gibt wichtige Anhaltspunkte:

▶ Der Verkäufer bietet Ihnen eine Probefahrt mit roten Nummernschildern an. Dann handelt es sich mit hoher Wahrscheinlichkeit in Wahrheit um einen Händler, der nur vermeintlich als Privatmann auftritt, um etwaigen Haftungsansprüchen aus dem Weg zu gehen.

▶ Der Verkäufer drängt Sie zu einer schnellen Kaufentscheidung. Wenn er während der ersten Begutachtung ununterbrochen auf Sie einredet und Sie bei der Prüfung des Wagens ablenkt, ist das ein Indiz, dass er etwas verbergen will.

▶ Der Verkäufer weist auf viele Reparaturen hin. Das ist zwar grundsätzlich gut, kann aber auch bedeuten, dass der Wagen sehr reparaturanfällig ist.

▶ Der Verkäufer antwortet mit unpräzisen Antworten und banalen Floskeln.

▶ Der Verkäufer ist NICHT der im Brief eingetragene Eigentümer: Auch das könnte ein Hinweis auf einen Händler sein. Sollte der Verkäufer den Wagen wirklich nur für einen Freund oder Bekannten an den Mann bringen wollen, lassen Sie sich das schriftlich bestätigen oder, noch besser, bestehen Sie auf einem Treffen mit dem eingetragenen Eigentümer.

▶ Der Verkäufer hat den Wagen selbst noch nicht lange. Es könnte sich um ein sogenanntes Montagsauto handeln, das er schnell wieder loswerden will.

Das sollten Sie überprüfen

Schäden am Auto erkennen Sie nur durch eine gründliche **Inspektion**. Nehmen Sie sich Zeit dafür, bringen Sie am besten einen **Bekannten** mit und – ganz wichtig – schauen Sie den Wagen bei **Tageslicht** an. Steht der Wagen eingeparkt zwischen anderen Fahrzeugen oder in einer Garage, bitten Sie den Verkäufer, ihn vorzufahren. Weigert er sich, sollten Sie ohnehin gleich Abstand nehmen. Außerdem sollten Sie darauf bestehen, das **Fahrzeug gewaschen** begutachten zu können. Nur so können Sie viele Kratzer, Rost und andere Schäden überhaupt erkennen.

Vorsichtig sollten Sie sein, wenn Sie Spuren von **Lackspray** am Wagen finden – dann will der Verkäufer wahrscheinlich die eine oder andere Roststelle überdecken. Überhaupt sollte der Lack gleichmäßig und nicht wellig sein und keine **Farbunterschiede** aufweisen. Das deutet häufig auf einen reparierten Schaden hin.

Lichter, Reifen und soweit möglich auch die Bremsscheiben sollten Sie ebenfalls einer **Sichtprüfung** unterziehen – und natürlich einen Blick in den **Motorraum** werfen. Ist der unüblich sauber, könnte der Verkäufer auch hier etwas verbergen wollen. Überprüfen Sie die Flüssigkeitsstände, und achten Sie auf eingerissene Gummimanschetten. Und: Klingt der Motor beim Anlassen auffällig?

Ideal wäre es, wenn Sie einen Blick **unters Auto** werfen könnten, um Rost- oder Leckstellen zu erkennen, das ist ohne **Hebebühne** aber kaum möglich. Kein Problem dagegen ist die Prüfung des Innenraums und des Kofferraums:

Finden Sie hier Feuchtigkeit, oder riecht es muffig? Dann heißt es: Finger weg! Auch sollten Sie auf typische Abnutzungsspuren achten, wie durchgesessene Sitze oder einen abgegriffenen Schalthebel – das sollte zur **Laufleistung** passen. Ebenfalls zu überprüfen: die **Sicherheitsgurte**.

Machen Sie ein Protokoll!
Am besten ist es, wenn Sie sich zur Begutachtung ein Protokoll mitnehmen; Vorducke bekommen Sie problemlos im Internet (z. B. beim ADAC). Außerdem sollten Sie sich vorab über die typischen Schwachstellen des jeweiligen Modells informieren.

Bestehen Sie auf einer Probefahrt!
Kein Autokauf sollte ohne Probefahrt erfolgen – schon gar nicht, wenn es sich um einen Gebrauchten handelt. Achten Sie dabei vor allem auf auffällige Geräusche von Motor und Fahrwerk und darauf, ob sich Gasannahme, Bremse und Lenkung »normal« anfühlen. Ausprobieren sollten Sie unter anderem auch Scheibenwischer, Licht, Klimaanlage, Sitzheizung und bei moderneren Fahrzeugen auch das Infotainmentsystem und die Assistenzsysteme.

Benötige ich einen Kaufvertrag?

Klare Antwort: ja! Unbedingt sollten Sie auf einem schriftlichen Vertrag bestehen; der Kaufvertrag selbst kommt schließlich auch mündlich zustande. Achten Sie darauf, dass alle Einzelheiten im Vertrag festgehalten werden: Wann wird das Auto übergeben, wie viele Schlüssel sind dabei, wie hoch ist der Kaufpreis. Auch sollten etwaige Vorschäden und natürlich der Kilometerstand festgehalten werden. Weigert sich der Verkäufer, Zusatzvereinbarungen über mitverkauftes Zubehör wie Radio oder einen zweiten Reifensatz und Zusicherungen wie »unfallfrei« oder »wird noch repariert« schriftlich zu fixieren, sollten Sie skeptisch werden.

Muss man immer bar zahlen?

Bargeld ist im Gebrauchtwagenhandel das Zahlungsmittel Nummer eins – allerdings gibt es keine Verpflichtung zur Barzahlung. Sie sollten aber genau nachfragen, warum der Verkäufer beispielsweise lieber eine Überweisung des Betrags hätte. Nicht selten sind nach der Überweisung Verkäufer und Fahrzeug über alle Berge, und Sie sehen im schlimmsten Fall Ihr Geld nie wieder. Bei der Barzahlung haben Sie die Möglichkeit, Geld gegen Fahrzeug direkt zu tauschen. Dazu sollten Sie sich mit dem Verkäufer nicht in dunklen Ecken treffen, sondern am besten tagsüber, idealerweise direkt bei der Bank und in Begleitung eines Bekannten. Auch wenn der Handel zu Hause beim Verkäufer stattfindet, nehmen Sie zur Sicherheit einen Freund mit. So haben Sie auch gleich einen Zeugen dabei.

Vorsicht bei Aufforderungen, Geld per Western Union, MoneyGram oder ähnlichen Finanzdienstleistern zu bezahlen – häufig stecken hier unseriöse Verkäufer dahinter.

Auch mit einer Anzahlung sollten Sie vorsichtig sein: Sollten Sie den Wagen nicht gleich mitnehmen können, schließen Sie besser gleich den Kaufvertrag ab und bezahlen den Wagen ganz – dann können Sie wenigstens alle Schlüssel und Papiere mitnehmen. Ist eine Anzahlung unumgänglich, lassen Sie sich diese auf jeden Fall schriftlich quittieren, und machen Sie sich eine Kopie vom Ausweis des Verkäufers.

Welche Dokumente müssen ausgehändigt werden?

Auf jeden Fall müssen Sie sich – neben Ihrer Kopie des Kaufvertrags – beim Autokauf die Fahrzeugpapiere aushändigen lassen, also Zulassungsbescheinigung I und II oder, bei älteren Fahrzeugen, Fahrzeugschein und -brief. Letzterer, die heutige Zulassungsbescheinigung II, gilt als Besitzurkunde und weist den Verkäufer als bisherigen und Sie als neuen Eigentümer aus. Fehlt eines der beiden Dokumente, sollten Sie vorsichtig sein und den Verkäufer bitten, die Papiere erst neu ausstellen zu lassen, bevor Sie den Wagen kaufen. Wichtig sind auch die Protokolle der letzten Haupt- und Abgasuntersuchung. Diese müssen Sie bei der Zulassungsstelle vorlegen.

Was tun, wenn es nach dem Kauf zu Problemen kommt?

Verkäufer sind von Gesetzes wegen grundsätzlich zur Sach- und Rechtsmängelhaftung verpflichtet. Hat der Wagen also

Mängel, kann der Käufer prinzipiell Nacherfüllung, also eine Reparatur, oder sogar den Umtausch beziehungsweise die Rücknahme verlangen. Allerdings können private Verkäufer die Haftung für Mängel ausschließen – das ist im Autohandel üblich. So muss der Verkäufer nicht für die Reparatur etwaiger Mängel aufkommen, es sei denn, diese waren ihm schon beim Verkauf bekannt und er hat sie arglistig verschwiegen. Was aber oft schwer nachzuweisen ist.

Achtung, fiese Fallen beim Autoleasing!

Autoleasing boomt und hat mittlerweile denselben Stellenwert wie eine Finanzierung. Aber Vorsicht, es lauern einige fiese Fallen. In Zusammenarbeit mit den Kollegen von AUTO BILD habe ich hier die wichtigsten Tipps für Sie zusammengestellt.

- ▶ **Faustregel:** Pro Monat sollte bei einem fair kalkulierten Angebot grob nicht mehr als ein Prozent vom Listenpreis als Rate aufgerufen werden.
- ▶ **Sonderzahlungen gehen ins Geld.** Neben den Monatsraten gibt es weitere Kosten: Für Fahrzeugüberführung und Zulassung können schnell etliche Tausender zusätzlich fällig werden. Lesen Sie das Kleingedruckte und machen Sie eine eigene Rechnung auf. Was kommt noch dazu? Was kostet die Vollkasko? Sie werden merken: Am

Ende ist das Angebot nicht mehr so doll wie auf den ersten Blick.

► **Vorsicht bei Sonderangeboten!** Scheinbar lukrative Sonderangebote sind oft vorkonfigurierte Lagerautos, Ladenhüter oder Auslaufmodelle. Individuelle Ausstattungen kosten im Vergleich überproportional mehr. Hier lohnt es sich unter Umständen, Leasing-Offerten mit All-inclusive-Abos von Anbietern wie Cluno, Sixt flat und like2drive zu vergleichen, bei denen der Kunde nur noch fürs Tanken bezahlen muss.

► **Änderungen kosten extra.** Für Leasingnehmer drohen weitere Fallstricke, wenn sich etwa Lebensumstände ändern. Dann ist plötzlich der Weg zur Arbeit deutlich länger. Oder das Auto zu klein. Rechtsanwalt und Leasingexperte Tobias Goldkamp aus Neuss warnt: »Wer einen Vertrag vorzeitig beenden will, muss oft hohe Nachzahlungen leisten.« Gleiches gilt, falls der Kunde mehr Kilometer fährt als geplant, das Fahrzeug übermäßig abnutzt oder eine Restwert- oder Andienungsklausel akzeptiert hat.

► **Fahrzeugkauf nach Leasingende.** Auch das ist kein Selbstgänger. Wer plant, sein Auto nach Leasingende zu übernehmen, sollte rechtzeitig eine Kaufoption mit der Bank vereinbaren. Nur diese garantiert, dass die Bank an den Besitzer verkaufen muss. Ein Andienungsrecht ist das Gegenteil: Es verpflichtet den Kunden zum Kauf des geleasten Autos. Wahlmöglichkeit? Keine! Aktuell ziehen dabei aber oft die Leasingfirmen den Kürzeren, weil manche Modelle (vor allem Diesel) unerwartet niedrige Restwerte haben.

▶ **Kostenfalle Rückgabe.** Zigtausende Dieselfahrzeuge mit inzwischen nicht mehr aktueller Abgasnorm stehen in den Büchern und sind teilweise nur mit deutlichen Preisabschlägen zu vermarkten. Um den finanziellen Schaden zu begrenzen, tendieren Leasinggeber dazu, bei Mängeln noch genauer hinzusehen. Durch Beschädigungen an teuren und empfindlichen Ausstattungen wie Ledersitzen, Alufelgen, Sonderlackierungen oder durch übermäßige Abnutzung addieren sich die Nachforderungen schnell auf mehrere Tausend Euro.

Wucherknöllchen vorm Supermarkt – muss ich die überhaupt zahlen?

Vorsicht! Wenn Sie nicht aufpassen, wird der Wochenendeinkauf unnötig teuer. Denn immer mehr Supermärkte und Einkaufszentren heuern private Sheriffs an, um etwa Anwohner von wertvollen Kundenparkplätzen zu verbannen. Wer keine Parkscheibe hat (wie es mir schon passierte) oder zu lange steht, zahlt bis zu 30 Euro Strafe. Werden Sie sogar abgeschleppt, sind Sie mit über 300 Euro dabei. Ich nenne das fiese Abzocke! Zum Vergleich: Der Strafzettel an der Straße – ausgestellt vom Ordnungsamt – kostet in der Regel um die zehn Euro. Muss ich die Wucherknöllchen vorm Supermarkt also überhaupt zahlen?

Grundsätzlich ist das Abkassieren auf Privatparkplätzen

erlaubt. Der Supermarktkunde muss aber auf Schildern genau lesen können, welche Regelungen auf dem Parkplatz gelten. Denn mit dem Abstellen des Autos gehen die Fahrer (nicht die Halter!) automatisch einen Vertrag mit der Überwacherfirma ein.

Möglichkeiten, die Vertragsstrafe zu umgehen

▶ Zahlt der Fahrer nicht freiwillig, kann die Forderung nicht beim Halter eingetrieben werden. Wird aber trotzdem versucht. **Nutzen Sie diesen Musterbrief:**

Sehr geehrte Damen und Herren,

mit Schreiben vom _____ fordern Sie mich zur Zahlung eines Geldbetrages von _____ EUR auf. Der geltend gemachten Forderung widerspreche ich.

Nach dem dargestellten Sachverhalt ist bereits grundsätzlich fraglich, ob die erwähnte Vertragsstrafe wirksamer Vertragsinhalt gemäß §§ 305 ff. BGB geworden sein kann.

Ich selbst habe das Fahrzeug zum angegebenen Zeitpunkt auf dem von Ihnen beschriebenen Parkplatz nicht abgestellt. Eine Haftung des Halters für derartige Forderungen besteht nicht (z. B.: AG Osterholz-Scharmbeck, Urteil vom 21.07.2011, 4 C 214/11; AG Heidelberg, Urteil vom 16.06.2011, 26 C 64/11; LG Rostock, Urteil vom

11.04.2008, 1 S 54/07; LG Schweinfurt, Urteil vom 2.2.2018, 33 S 46/17, juris; Urteil LG Arnsberg, Urteil vom 16.1.2019, 3 S 110/18).

Mit freundlichen Grüßen
(Name)

▶ Die Parkplatzbedingungen könnten nicht klar erkennbar sein – z. B. zu klein gedruckt und aus dem fahrenden Auto beim Einbiegen auf das Areal nicht zu erfassen. Allerdings stehen oft mehrere Schilder entlang der Stellflächen!

▶ Die Parkplatz-AGB sind oft angreifbar. Laut Gesetz sind Geschäftsbedingungen unwirksam, wenn diese z. B. mehrdeutig oder widersprüchlich sind.

▶ Wenn Sie gute Nerven haben, können Sie auch einfach nicht zahlen und sich totstellen! Arndt Kempgens (51), Fachanwalt für Verkehrsrecht, sagte mir: »Ich hatte noch keinen Fall, in dem Parkraumbewirtschafter Klageverfahren eingeleitet haben.« Ein Grund: Die Geldeintreiber arbeiten lieber im Verborgenen, eine Niederlage vor Gericht würde das eigene Geschäftsmodell zerstören. Kempgens: »Sie müssen aber einige Post aushalten. Die Zermürbungstaktik hat System.«

Sparfochs-Fazit: Tatsächlich nerven Mahn- und Inkassoschreiben. Viele Autofahrer knicken ein und zahlen. Wäre ein Fehler! Dann kommt Sie der vermeintliche Parkverstoß deutlich teurer, als wenn Sie sofort gezahlt hätten.

Meine Tipps:

▸ Niemand kann Ihnen eine Garantie geben, dass die Park-platzfirma die Forderung letztendlich fallen lässt. Daher: Entscheiden Sie sofort, ob Sie lieber gleich zahlen oder – wenn Sie sich ungerecht behandelt fühlen – alle folgen-den Schreiben mit Androhungen von Mehrkosten und Gerichtsverfahren aussitzen wollen.
Wichtig: Die Forderung wird sich bis zum gerichtlichen Mahnbescheid (dem **müssen** Sie widersprechen) in etwa verzehnfachen. Und angesichts des geringen Streitwerts wird es schwierig sein, überhaupt einen Anwalt zu fin-den.

▸ Keine »Bettelbriefe« an die Parkplatzüberwacher schrei-ben: Sie liefern ungewollt ein Geständnis. Das erleichtert die Durchsetzung der Forderung.

▸ Die Kassiererin oder der Marktleiter können Ihnen in der Regel nicht helfen, das Knöllchen loszuwerden. Sie haben – wie auf Schildern oft zu lesen ist – mit dem Parkplatzbewirtschafter nichts zu tun. Was etwas brin-gen kann: Beschweren Sie sich bei der Supermarktkette! Viele unzufriedene Kunden könnten dazu führen, dass die Sheriffs wieder gefeuert werden.

Danksagung

Zum Schluss noch ein großes Dankeschön

an die vielen Leser, die mich mit Tipps und Fotos versorgen,
an meine Frau Yvonne,
an meinen Chef Julian Reichelt und
an meinen Schlussredakteur Fabian Reichert.

Hans Rosling

mit Anna Rosling Rönnlund und Ola Rosling

Factfulness

Wie wir lernen, die Welt so
zu sehen, wie sie wirklich ist

Aus dem Englischen von Hans Freundl,
Hans-Peter Remmler und Albrecht
Schreiber.
Taschenbuch. Auch als E-Book erhältlich.
www.ullstein-buchverlage.de

»**Factfulness** *ist ein Buch, das Hoffnung macht.*«
Barack Obama

Die Tests des genialen Wissenschaftlers Hans Rosling
haben es vielfach belegt: Viel zu viele Menschen haben
ein völlig verzerrtes, meist allzu düsteres Bild von der
Welt. Diese Sichtweise beeinflusst nicht nur ihr Denken,
sondern auch ihr Handeln – und zwar nachteilig.
Doch Rosling zeigt: Fakten helfen. Wenn Sie dieses Buch
gelesen haben, werden Sie

- ein sicheres, auf Tatsachen basierendes Gerüst
  zum Verständnis der Welt besitzen
- bessere Entscheidungen treffen können
- nur noch solche Ansichten teilen und Urteile fällen,
  die auf soliden Fakten basieren

»*Eines der wichtigsten Bücher, die ich je gelesen habe.*«
Bill Gates

James Hawes

Die *kürzeste* Geschichte Deutschlands

Aus dem Englischen von Stephan Pauli.
Taschenbuch.
Auch als E-Book erhältlich.
www.ullstein-buchverlage.de

>>*James Hawes sorgt mit* **Die kürzeste Geschichte Deutschlands** *für Furore.*<< *Die Zeit*

James Hawes erzählt 2000 Jahre deutsche Geschichte entlang der politisch brisanten Frage: Wohin gehört dieses Land im Herzen Europas? Ist es eher dem Westen oder dem Osten zuzurechnen? Ein rasanter Streifzug durch die Jahrhunderte, von den alten Germanen bis zur Bundesrepublik im 21. Jahrhundert.

Nr. 1-*The Sunday Times*-Bestseller